What Marriage Teaches Us

婚姻教我們的事

PREFACE I
作者序一

　　婚姻從來就不一件簡單的事，只要兩個人過得好就好，許多時候也會牽扯到兩個人的原生家庭，在兩個不同背景脈絡下成長的兩個人，形成了獨立的個體，帶著各自的眼光與價值觀進入婚姻，看待婚姻中各式事情，許多時候因為兩人都有各自認為的「對」，但是當兩人各自認為的「對」無法取得共識時，兩個「對」的人，就成為了一個「錯」的家，各自僵持己見，想要爭個對錯，彼此拼命地想要說服對方，被認同，被好好地聽見與看見。

　　這時我常常會問伴侶們一句話，是對錯重要呢？還是你們兩個人的感情，你的老婆、老公重要？許多伴侶常常在這裡就愣住沉默了。

　　很多時候我們急著想要被對方看見、聽見，或是被認同，拼命地去表達與堅持，但是在這樣的過程當中，常常忘卻了，一開始在一起時，彼此的初衷與愛意，而讓這些衝突與對錯，去影響到兩人的關係，消磨了彼此之間的愛。

　　你有想過嗎？當你跟老公或是老婆相處時，你不只是與他本人相處而已，他的那些想法、價值觀、生活習慣、處理事情的方式……等，這些其實都是他原生家庭帶給他的，所以你相處的不只有他的本人，還包含了他背後這些影響他的家庭甚至是家族。然而這些都與我們的成長經驗有關，並沒有所謂的對錯，如何在兩個人的差異之間，找到彼此可以接受的最大值，求同存異，才能夠讓婚姻順利地經營下去。

　　如果都只是單方面地在妥協與配合，久了長期配合的那方，也會心生不平衡，累積對彼此的怨懟，兩人的感情也就因此消磨掉了。

　　然而夫妻雙方想要好好地過好兩人小家庭的生活，與原生家庭、家族之間界限的拿捏就十分重要，才能保有夫妻間獨立的自主權，也才有餘力去觀照其他的關係。

　　然而婚姻關係裡，每個人都是獨一無二的個體，不同的人與家庭，創造出了不同婚姻關係的樣貌，並沒有一套公式適合所有的婚姻關係去遵循，且適合其他夫妻的，並不一定適和你們，面對不同的婚姻階段與婚姻中的變動，婚姻關係中所形成的模式，都需要隨時地進行溝通與調整，才能夠適合不同階段的婚姻。因此讓彼此保持溝通與彈性是很重要的。

　　希望透過本書讓在面對婚姻的過程中，有困擾的你，可以知道面對這些困擾能如何去跟另一半表達、溝通與協調，或許有些事情還是無法調整或改變，但是至少是我們有意識到而做出的選擇，雖然有時不變也是種選擇，或是你各種方法都嘗試過了，那也可以好好地去省思這段關係，是否是你想要的，或是可以怎麼樣讓自己有好的方式離開，讓自己無後顧之憂。

呂宜芳

PREFACE II
作者序二

　　人生很長也很短，找到一位愛你和你愛的人，進入婚姻互相支持、陪伴和理解，一起面對生命中的未知和挑戰，是多麼珍貴和不容易的。但人性有時就是軟弱和健忘，被柴米油鹽的壓力所擊垮，被人類原始慾望所操控而外遇，互相傷害不斷刺傷彼此，甚至走到相愛相殺的日子。

　　再回頭那些曾經的美好，就好像嘲笑著現在灰頭土臉的婚姻，然而其實我們都搞錯了，曾經的美好還是美好，現在的難題是現在的難題，回到當下，安頓好自己的身心靈，看看什麼是自己要的，能做的，才是最重要的。

　　而本書的誕生就是期許在這混亂誘惑叢生，婚姻價值混亂的年代，藉由許多真實的案例（內容均修改保密），讓人在迷惘和挫折中，有些方向和參考，但書裡所說的絕對不是正確或唯一的答案，因為最終我們還是要回到自己身上，很誠實地問問自己，對於自己來說愛是什麼？婚姻是什麼？家庭是什麼？自己想要的是什麼？

　　這些問題藉由本書的問句直擊內心，找到自己的力量和方法，這才是本書存在最大的意義，真心祝福我們大家，都可以擁有相知相惜的另一半。然而人生有時就是這麼無奈，不一定世紀大渣男渣女就被你遇到，努力了嘗試了，對方還是執迷不悟，至少自己盡力，或許離開也是很棒的選擇，但重要的是自己清楚，問心無愧對得起自己就好。

陳偉婷

FOREWORD I
推薦序一

　　相愛容易相處難，這是自古不變的道理。想想，兩個年輕生命來自不同原生家庭，帶著不同的家族祕密，每顆細胞裡都流傳著不同的基因故事，在其中成長、茁壯，也在無人處暗自淚垂，當兩人決定結合，共組家庭，追尋真正屬於他們自己的人生故事時，整個家庭動力將被重置，年輕的伴侶希冀著未來，而未來的倒影中卻是兩段原生故事的投射與糾結，或許，這就是現實與理想的落差——雖然不美好，卻更是雋永。

　　婚姻本身就是一個問題。因為人們不會追求自己最想要的，而會接受自己最習慣的對待方式。一個反覆受暴的婦女發現：每當暖男出現，她就會窘促不安，別人對她越好，她的壓力就越大，因為她一輩子沒被善待過，「被照顧」對她是一種焦慮的事，所以，她總是快速結束這樣的關係；相反的，會動手的男人卻是她從小最習慣的被對待模式，她反而留下來了。女孩如此，男孩亦如此，如果我們不學習相處之道，那我們永遠活在「習慣」的封印中，一步一步做出被注定的事，成為自己最不想成為的人。

　　欣見杏語心靈診所兩位年輕心理師聯合出版本書，讓有心處理夫妻、婆媳、親子問題的讀者，有個良好的選擇。用字遣詞相當簡潔，大量使用故事，而且以提問方式分章節，著重在如何解決困境，是一本容易上手的好書，值得推薦。

杏語心靈診所院長

陳俊欽

FOREWORD II

推薦序二

偉婷心理師是我多年熟識的好友，在我所主持的《愛＋好醫生》節目，他時常擔任我們的來賓專家。偉婷的老公裕霖，和我一樣也是兒科醫師兼同事，前幾年兩人喜獲麟兒，大家都覺得這孩子真是太幸運了！誕生在母親是心理師、父親是兒科醫師的家庭，身心的呵護肯定是品質保證。

由於請育嬰假全職帶孩子的緣故，偉婷婉拒了許多的工作邀約，在家哺乳與照顧嬰兒。經過偉婷、裕霖的同意，我帶著節目組到他們家訪問，看看這對模範夫妻如何同時照顧新生兒，又能維繫夫妻感情，也聊聊婆媳岳婿的互動模式。當天的訪談十分愉快，過程中完全沒有矯揉做作，因為兩人都拋開專業人士的包袱，真實呈現了孩子出生後的混亂狀態。在對話中，雖然有一大堆無法達成共識的生活細節，也跟所有的新手爸媽一樣，夫妻磨合的很辛苦，但任何人依然能從鏡頭中，感受到這對夫妻的甜蜜。

家裡有心理師，結婚後還是必須面臨夫妻溝通的困境；家裡有兒科醫師，也是得從零開始經營親子關係。兩個家庭的結合，就是會出現各種心結、糾結、文化衝突等，真的是家家有本難念的經。然而，如果能帶著健康的心態與眼光進入婚姻，

遇到難題時夫妻一起同心度過，這正是本書《婚姻教我們的事》能帶給大家的幫助。

　　正向心理學大師馬丁‧賽里格曼（Martin E.P. Seligman）曾分析，生命中不論任何的事情發生，對大腦而言都經過三個步驟 ABC：Accidence（事件），Belief（信念），Consequences（結果）。換句話說，同一個事件發生在不同人身上，因為大腦帶著不同的信念，就會帶來不一樣的結果。進入婚姻，肯定會有夫妻爭吵，親子緊張，婆媳不合，岳婿冷淡，產後憂鬱等等事件，但如果能藉由改變信念，停止自我控訴，停止咎責他人，專注於正向的信念，就能帶來更美好的生命風景。

　　祝福大家讀完偉婷心理師，跟宜芳心理師一起寫的這本《婚姻教我們的事》後，能從每一位個案的經歷，與他們專業的解讀中，得到新的啟發。

黃瑽寧醫師健康講堂

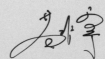

FOREWORD II

推薦序三

　　我是 PTT 資深鄉民，喜歡觀看婚姻版與媽寶版來瞭解婚姻與人生，看過不少網友發文吐苦水或求建議。雖然說「家家有本難唸的經」、「清官難斷家務事」，家庭議題要論出是非確實很困難，但家庭議題重要的並不是論是非，而是要更好。要改變是可能的，只要先理清當中的關鍵，由自己的觀念與行為先出發，後續就有帶動改變的可能。

　　陳偉婷心理師跟呂宜芳心理師所撰寫的《婚姻教我們的事》一書，幫忙釐清了許許多多婚姻議題，裡頭每一篇所描述的婚姻衝突故事，都感覺好熟悉啊。透過他人的經驗與洞察，點出了很多人會想不開、鑽牛角尖之處。一旦解開了，改變就能隨之而生。

　　在閱讀「同理心是打開伴侶心門的鑰匙」這一篇時，提到練習用另一種角度去看待另一半的行為，就有機會讓自己有不同想法，這點我相當有感。以前女兒還小時，有次老婆很忙要我泡奶並提醒注意不要泡太燙。當時因為經驗不多，不太懂得如何確認牛奶溫度是合適的，於是就直接問：「要怎麼知道溫度剛好適合嬰兒喝呢？」老婆有點不耐煩地回：「滴一滴在手臂上感受一下就知道了啊。」聽到回答時我有點惱怒，因為不久之前才跟他討論過，用這種方法我感受不到溫度的差異，而也因為這個方法無效所以剛剛才會詢問，你又這麼回豈不是代表之前我在求助都完全沒有聽進去。因此這點小事就引發了我很多負向想法，覺得委屈、不被在意。

正當心情很糟時突然轉念一想，有沒有可能是老婆太忙，一時之間沒想到呢？這是非常有可能的吧。既然我無法用手背測溫，那自己能不能想出其他方法來解決這個問題呢？這肯定可以的。於是之後就花了點時間研究合適的溫度需要以多少熱水跟冷水的比例混合，一勞永逸地解決了泡奶測溫的問題。

　　人多半會先以自己的角度、單一的可能去想，然後就越想越氣。當嘗試俯瞰事件，往往會發現真實情況不是自己想得那樣，此時負向情緒很快就會消散，還會笑自己幹嘛為了那芝麻小事而生氣。這雖然只是小事，但也是婚姻生活需要時時處理的。伴侶的衝突多半不會是單一事件，生活中的小事若沒能適當處理而選擇隱忍，持續累積的怨懟到了某個臨界點就會爆發。

　　童話中王子與公主結婚後從此過著幸福快樂的日子，真實生活並不是如此，而更像是組隊打魔王的角色扮演遊戲。但請記得，另一半並不會是魔王，而是你的隊友、忠實的夥伴，在婚姻路上共同前行。固然會遇到大大小小的阻礙，再發揮彼此的長處、互相扶持之下，終將可以克服難關，提升等級。用這個想法來看待，婚姻生活其實還挺有意思的。

哇賽心理學創辦人兼總編輯

蔡宇哲

CONTENTS 目錄

夫妻關係

Chapter 1

::: 不只是愛情，更重要是關係 :::

老公，
可以聽我說說話嗎？

夫妻關係：不只是愛情，更重要是關係

　　郁茹對於目前的婚姻關係，有很多的不滿，他期待與老公能夠像婚前一樣，兩人有聊不完的話題。過去的他們，常常聊到連電話都捨不得掛斷，讓郁茹感受到老公對他的關心與在意。然而結婚以後，兩個人的相處模式變了，當郁茹想要跟老公說話時，老公都在滑手機或看電視，他覺得老公都沒有認真地聽自己說話，且得到的回應總是「嗯！喔！」，這些回應都讓郁茹覺得老公在敷衍他，也因為這樣的互動方式，時常引發兩人的爭吵，但老公總是有一套自己的理由，讓郁茹感到無力，有時郁茹覺得老公好像寧願在電腦前跟別人打字，也不想跟郁茹說話；有時候跟老公說話，老公還會嫌郁茹煩；當郁茹想要跟老公抱怨上班時碰到的鳥事，還會被老公說，下班不要討論公司的事情……，這些互動的方式，都讓郁茹感受到被老公拒絕。

 ## 聽聽心理師怎麼說

　　郁茹和老公婚前、婚後關係的變化，也是許多夫妻在結婚後會碰到的狀況，一方期待著婚後的關係可以像婚前一樣的互動；但另外一方卻不再像過去一樣滿足對方的期待，或是開始調整與改變，也讓期待較多的那一方在婚姻中感到孤單。

結婚以後的你，是否還有和老公談心交流、分享生活的時刻呢？婚後，兩個人天天住在一起，理論上親密感應該要增加。但許多夫妻卻開始變得無話可說，連交流對話都變得困難，有時候開口都只是在交代事情，甚至有些夫妻，連對話都懶了。

如果你的婚姻也碰到跟郁茹相似的狀況，或許也是一種警訊，在提醒著我們，須重新整理我們的婚姻關係。

為何他不再與你對話了？發覺兩人的互動模式

兩個人從有話可說，到無話可說，甚至是拒絕對話，絕不是一天兩天造成的，通常都會有跡可循，因此當與老公不再像婚前那樣無話不談時，自己可以試著去回想，是從什麼時候開始，老公變得不太願意聽你說話了？

當我們和老公在互動或是溝通的過程中，發現對方不再像過去一樣與自己互動時，可以嘗試思考，兩個人在互動的過程中出現了什麼問題？例如：過去兩個人的互動都順利嗎？還是常常在對話的過程當中，觸發彼此心中的疙瘩，或是以怒氣收場？若是這些不順暢的溝通放著不處理，通常這些小事件會累積成大事件，成為影響兩人互動的原因。

當老公不願意與你溝通對話的原因，可能有下列幾種

1 兩人無法有效對話，需求無法被看見，各說各話，浪費彼此的力氣。
2 在過去的互動經驗中，常常感受到壓力。
3 過往不愉快的對話經驗，讓對方一想到要與你對話，就會不自覺退縮。
4 對話的結果，常常引發衝突。

所以不妨去觀察與回想，你們是哪一種原因，讓彼此無法繼續對話。找出兩人互動的模式，以及互動中卡住的地方，是很重要的一環。

你能夠讀懂對方嗎？理解對方與自己的需求

回想兩個人過去在表達與溝通時的情境，當你在與對方對話時，你想獲得的是什麼？你想要的，有讓對方清楚的接收到嗎？又或是當對方在與你對話時，你跟他在同樣的頻率上嗎？還是兩個人最後演變成各說各的，拚命想要透過自己的語言讓對方瞭解，但是對方卻無法聽懂？也讓雙方感受到挫敗。

想要溝通順暢，先從理解自己的需求開始

1 當你想要跟對方溝通時，你需要先清楚自己想要的是什麼。你的表達，對方能夠清楚的接收到嗎？

當你覺得難過，需要另一半的安慰時，是否能直接告訴對方：「老公，我現在心情不好，可以聽我說說話嗎？只要聽我說，陪著我就好。」

或是當你需要另一半給予協助時，自己能清楚地表達出來嗎？

⇒ **例如**：「老公，我覺得很為難，不知道要如何選擇，可以聽聽你的想法嗎？」

2 表達自己的需求，但不要求對方。我們的需求，對方能夠給我們回應，或是願意給嗎？面對我們的需求，我們自己能努力的功課是，將自己的需要表達出來，至於對方能不能給，或是願不願意給，則不是我們可以硬性要求的。

想要重新拉近與對方的距離，不妨先從試著理解老公，與關心老公開始

1 **主動關心對方**

關心是一種能夠拉近彼此距離的方法，透過關心，被關心的一方能夠感受到被關懷與溫暖，這也是關係破冰的開始。

當你看到老公下班回來，滿臉倦容時，是否能先關心他此刻的狀況，以及需要。關心他是否需要先休息，或是他是否餓了，又或是今天過得好嗎？透過簡單的關心，來表達你對老公的在意。

2 對老公保有好奇與開放的態度

當他在與你對話時，可以試著去瞭解，對方真正想要表達的是什麼，對老公存有好奇，抱持想要更瞭解他的心情，回應他，並與他對話；他也會逐漸感受到，你想要與他更加靠近的心情。

3 溝通的安全感

不要期待因為你的關心與改變，對方就會立刻改變態度回應你，他的態度轉變，是需要耐心等待的。

因過去累積的互動模式，可能讓老公對雙方的互動感到擔心與不安，因此當我們在改變時，對方也會抱持著懷疑，我們真的與以前不一樣了嗎？你的態度轉變是真實的嗎？是可以讓他感到放心並安全的與你互動的嗎？

因此你需要為對方重建他的安全感，讓他知道，你不會因為他的回應或是互動不如你的預期，就引發彼此的摩擦與衝突。

而如何穩定自己每一次與對方互動，並增加對方對於與我們互動的安全感，是很重要的一件事，如此老公才不會採取過去習慣的方式，選擇逃跑或是拒絕互動。

 ## 可以怎麼調整呢？從自己開始轉身面對

面對老公從關心與傾聽開始，且不批評，不給意見。

或許過去的互動模式，讓彼此卡住了，但現在，可以從關心開始。從關心去拉近與對方的距離，當你看著老公下班回家時，是不是能夠關心他今天的心情，又或是聽聽他分享今天的狀態，願意給對方一些時間說，而不給予批評或是意見。而如果你很希望可以為對方分擔，但是不知道該怎麼做時，不妨直接問對方。

而當你在與老公互動時，期待從跟他的互動中得到什麼回應，不妨也可以試著從表達自己開始。

　　當你期待老公回應你的情緒時，你可以主動告訴他，其實在你跟他抱怨著與同事相處的不愉快時，或是與媽媽吵架的原因時，最需要他做的是什麼？是好好地聽你傾訴就好；或是你想要聽聽他的想法；還是你只是希望他可以給你一個肩膀或是擁抱？因為你不表達自己的需求是什麼，對方也不會知道要怎麼滿足你，而當你抒發情緒的方式，跟對方不同，對方也不一定能夠理解。

　　然而別忘了對老公保有好奇，你可以問問老公，當老公心情不好時，老公希望你可以為他做些什麼呢？或許你會聽到你沒想過的答案。

　　當然別忘了，在期待老公可以改變之前，先從自己改變開始吧！

吵個健康的架

夫妻關係：不只是愛情，更重要是關係

　　文文和老趙走進諮商室時，還沒來得及自我介紹，文文就急忙開始講述兩人之間的矛盾和衝突點。文文不停地敘說，而老趙只是安安靜靜坐在旁邊，好像文文口裡說的人不是他一樣。

　　就在我聽著、聽著，文文一個回神，用力打了老趙的腿，並對他說：「你都沒有要說的嗎？」再轉頭向我說：「諮商師你看、你看，他就是這個死樣子，都悶不吭聲，我就算對狗說話，狗還會對我叫，他呢？連看都不看我，到底是怎樣，是不要這個家了嗎？我這幾年的付出到底算什麼？」文文崩潰流淚著。

　　在我同理安撫文文後，轉過去問老趙：「你有聽見文文說的嗎？」老趙說：「有」，我問：「那是像文文說的一樣，你不要這個家嗎？」老趙說：「不是」，我繼續詢問：「那是什麼原因，讓你不說些什麼呢？」老趙沉默了一會後，結結巴巴地說：「因為……我好像……我好像說什麼都是錯的，當我回應時，文文反而更生氣，所以我想說，如果我不說話，那文文就不會那麼生氣了。」

 ## 聽聽心理師怎麼說

　　在人跟人的相處中，有衝突、摩擦在所難免，特別是朝夕相處的夫妻，往往一個小衝突就劍拔弩張、不然就是冷戰相對，或像此案例的夫妻，一個追、一個跑，爭執的問題還是存在，但目前沒有能力去

面對，只能暫時擱在心中，或粉飾太平。但難保下次爭吵時，又是無止盡地翻舊帳、數歷史，最終搞得不歡而散，累積在心中的誤會嫌隙越來越大，終年累月再相愛的夫妻，也難逃貌合神離這條路，那雙方如何做，才能解開彼此的鴻溝呢？

我們都愛著彼此，只是用錯了方式

在薩提爾的溝通姿態提到，人在壓力下會呈現四種溝通姿態：指責、討好、超理智和打岔，每種姿態都有它的心路歷程，表面看到的是傷人的行為或言語，但背後可能藏著愛，但我們常落入自己的解讀。例如：案例中文文以為老公的不回話是逃避，但在諮商一步步往下走時，才知道老趙不是沒聽見，更不是不要這個家，相反地他非常珍惜，珍惜到就算被文文誤會，自己一肚子的委屈也不願多說半個字，深怕把關係越搞越糟。文文其實也是，表面看似歇斯底里地發怒，但文文其實很孤單，他的發怒其實是希望老公能多看自己一眼而已。

文文和老趙都很愛對方，但可惜的是兩個人都用錯了方式，老趙以為自己安靜，凡事聽文文的意見，不回話就是最大的體貼（此為薩提爾溝通姿態為「打岔」），卻反而激起文文更激烈的情緒（此為薩提爾的溝通姿態「指責」），花更多力氣試圖讓老趙回過頭多注意自己，但卻是把老趙往外推，結果變成「文文追，老趙跑」的溝通模式，關係也越來越遠，但其實兩人內心都很在意彼此，只是用了自己以為對雙方都好的方式來相處。

吵個健康的架，首先穩住自己情緒

在爭執的開端，雙方都面臨強大的壓力，我們的情緒和脾氣可能像洪水猛獸般奔流出來，有時不只傷了對方，也會傷害自己，甚至造

成無可挽回的局面，因此在吵架現場很重要的是：「拿回自己情緒的主控權」，在局面快一發不可收拾前，先讓自己做幾個深呼吸，也可以自創平穩情緒的方法，例如：在心裡默念數字。如果還是控制不了，不妨先暫時離開，讓自己冷靜冷靜，而此舉動很重要的是要跟對方說一聲，讓對方知道你會再回來和他面對和溝通，不然對方誤以為你要逃避，這又是另一個爭吵和災難的開始，所以吵架的第一時間，一定要先穩住自己情緒，或離開現場讓自己靜一靜，另一方面也可以釐清自己的狀態，以便後續能更好的溝通。

吵架開端可以做的事

1　深呼吸，穩住自己的情緒。
2　感覺快控制不住情緒時，先暫時離開現場。
3　覺察自己的情緒，和情緒背後的原因。
4　問問自己想得到的結果是什麼，能做些什麼。

吵個健康的架，好好溝通

　　穩定自己的狀態後，我們要學習如何吵個健康的架，在臨床中看到很多人跟老趙一樣，以為不吵架就可以維持好的關係，但其實研究顯示自稱不吵架的夫妻，雖然在短時間內，對婚姻滿意度是高的，但長時間下來，其實比面對問題並吵架的夫妻，對婚姻的滿意度是低的，原因可能是長時間的壓抑情緒和粉飾太平，導致婚姻只是表面和平。但如何面對問題，好好吵個健康的架。我們將會運用薩提爾溝通姿態中的一致性概念，幫助大家學習如何在吵架中好好說、好好聽，並以本案例的文文作為範例說明。

1 同理對方的情緒和行為

⇒ **例如**：文文可以和老趙說：「我知道你不說話，其實是不想引發更多的爭執，這也是你體貼我的方式。」

2 以我訊息，說出自己的感覺

⇒ **例如**：文文可以和老趙說：「當你不說話時，我感覺到十分慌張，不知道你在想什麼，覺得很孤單。」

3 講出自己的需求

⇒ **例如**：文文可以和老趙說：「我希望你可以說些什麼，讓我知道你的狀態，或者你也可以跟我說，你要冷靜冷靜，我會等你。」

4 邀請對方說出自己的需求

⇒ **例如**：文文可以和老趙說：「我這樣說不知道你有沒有什麼感覺，或有其他想說的呢？」

5 找出雙方的共識

⇒ **例如**：文文和老趙可以約定未來吵架時，雙方不管當下如何激烈或冷戰，過多久時間後還是要一起回來面對和討論。

落入過去行為模式的小提醒

雖然我們理解吵個健康架的方式，但是人在情緒和壓力中，有時仍會落入自己十幾年來的慣性模式。

例如：老趙可能在壓力下還是會選擇閉嘴；文文在情緒中，還是會不小心破口大罵，但兩人可能因為看見吵架模式，有默契並互相提醒，接著吵個健康的架才能好好進行。例如：夫妻倆可以有共識，當老趙落入過去的行為模式時，可以說一些提醒老趙需要回來面對的話

語，例如：文文可以跟老趙說：「我會等你」等，類似的話語，這些約定的話語可以在彼此沒有爭吵時，雙方面對面坐下來，一起協調，並做約定；另一方面，如果老趙當下自覺自己又落入過去的行為模式，可以試著深呼吸幾次，再慢慢說出想說的話，若有時很困難、很想逃開，老趙不妨可以和文文說：「我先冷靜，我會再回來跟你討論」，一方面可以讓文文知道自己的狀態，另一方面也讓文文知道你會回來面對。同樣當文文不小心落入指責的模式時，老趙可以和文文說一些提醒的話，讓雙方接下來可以好好吵個健康的架。

還是會有爭執但重要是怎麼面對

當然未來還是有可能會有爭執，但重要的是怎麼面對，也請記得吵架的過程，是沒有對錯的，因每個人有不同的原生家庭和生命經驗，因此有著屬於自己的價值觀，怎麼求同存異，共創未來才是最核心的關鍵，也請相信爭吵背後藏著愛，並試著看見這個愛，記得好好吵個健康的架，讓關係更美好。

幸福需要一點心機

夫妻關係：不只是愛情，更重要是關係

「我想離婚！我不知道該不該繼續下去……。」坐在眼前的之青，說出他內心的猶豫。

「是什麼讓你想離婚呢？」我問，也好奇之青是在什麼樣的情況下，做出這個決定。

「跟老公結婚 7 年了，我們有一個兒子跟女兒，過去為了照顧孩子，花了很多的心力，現在好不容易孩子開始上學了，才覺得鬆了一口氣，可以好好的喘息，有更多自己的時間。但是我發現，我對老公不再有過去愛的感覺了，我覺得我們之間好像少了些什麼，兩個人像室友一樣，完成這些該做的事情，不管是該照顧孩子，或是該做的家事，好像一切都只是應該要去做……。」

「這些心情，你曾經讓老公知道嗎？」我問之青。

「曾經說過啊，但是他說，每天這麼多事情要處理，哪有什麼感覺不感覺的，哪有少了什麼感覺，我還是愛你啊，你會不會想太多了？」之青說著老公的回應，並告訴我，他也因此覺得老公不懂他的感受，以及現在婚姻的狀態讓他感到迷惘。

聽聽心理師怎麼說

你有想過，婚後的生活，比婚前的戀愛更重要嗎？即便是進入婚

姻後，還是需要為了兩人的幸福維持熱度，持續花心思去經營，可別因為結婚，就覺得兩人關係確定了，就可以安心放鬆過日子了。

隨著關係的轉換，兩人的關係，從婚前的熱戀逐漸趨於穩定後，進入關係的穩定期。而婚姻幫兩人確立了彼此的關係，也讓雙方的關係，進入另一個更牢固與更安全的階段。

而婚姻在不同階段有著不同的任務，不再只有「你眼中有我，我眼中有你」的兩人世界。除了彼此的工作，在生活中還會加入許多的柴米油鹽、孩子、彼此的家人……等，其他不同的環節，來分散兩人放在彼此身上的注意力，也讓兩人停留在彼此身上的眼光與時間相對減少，而該如何持續維持兩人關係的熱度，增加兩人關係中的幸福感，也是很重要及需要被重視的一環。

而之青也因為婚後，生活中的變化，不再只有老公，還有孩子、公婆，以及柴米油鹽的生活，不斷地納入兩人的關係之中，加上生活中的各式瑣事，以及隨著孩子的長大，開始出現不同階段的議題及價值觀的轉換等，這都會讓雙方為了解決生活中出現的各種狀況與任務，而讓兩人之間的情感，隨著忙碌的日常而逐漸消退。

如何增加婚姻中的幸福感

情感的交流在婚姻關係中甚為重要，這是讓雙方的情感得以延續的基礎，而每個人都有自己喜歡被愛與被對待的方式，當用對了方式，就會讓我們更容易有被愛的幸福感，也會讓關係的養成與情感的增溫事半功倍。

瞭解自己與對方喜歡被愛的方式

面對兩人關係，最常出現的失落感，莫過於希望自己被伴侶用什麼方式愛著的期待，沒有被滿足。即便對方給了愛，但不是我們想要的，也會因此對伴侶與關係產生失望，但是在期待對方用自己喜歡的方式，來對待自己時，我們最需要做的是，先瞭解自己喜歡被愛的方式是什麼。

蓋瑞・巧門（Gary Chapman）將人們接受愛的方式分為五種，不妨先從下面五種愛之語，尋找到屬於自己喜歡被愛的方式。

1 **肯定的語言**

我們都需要被欣賞，肯定的語言可以滿足我們被欣賞的需要。如果對方需要透過被肯定來感受愛，那麼常常給予讚賞與鼓勵，更能讓對方知道他有多重要。

⇒ **例如**：常說我愛你、我很在乎你、你很重要……等。

2 **精心的時刻**

精心的時刻是指為對方精心設計的活動。兩個人共同參與一件事，所參與的活動，其實是次要的，重要的是在共度與交集的時刻，願意給予陪伴與傾聽。

⇒ **例如**：一起吃頓飯、一起旅行、一起聊天……等。

3 **精心的禮物**

禮物是一種象徵，與它的價值無關，重要的是你想到對方，而當對方看到禮物時，會想到「你仍然記得我」。如果對方是需要透過象徵性的物品去感受愛的話，當你這麼做時，就會讓對方更容易感受到愛。如果是對方喜歡且有需要的物品，那就更好囉！

4 **服務的行動**

當你為對方做了他希望你完成的事時，他會感到高興，而這些行動是需要花些心思、時間、精力去完成的。

⇒ **例如**：為對方做頓飯、替他買早餐、送他上下班、做家事、修理東西……等。

5 身體接觸

身體接觸也是一種表達愛的方式，對感受愛的方式是身體接觸的人，身體接觸勝過於向對方說「我愛你」。當你給他擁抱、牽手、拍肩、摸頭等方式，會讓他更容易感受到愛。

找到屬於自己的愛之語，也協助伴侶知道，自己喜歡被愛的方式是什麼，幫助對方理解我們，並瞭解我們面對愛所須的感受。

關係是互相的，在我們清楚知道自己喜歡被愛的方式時，也別忘了和另一半一起去找到屬於他的愛之語，去瞭解另一半喜歡用什麼方式被愛，一起去討論更細緻的內容。

如果老公喜歡的是身體接觸，那麼可以問問他，在哪些時刻，他希望被身體接觸？以及希望用什麼樣的方式被接觸？老公可能會說，當我下班回家覺得累時，希望可以得到一個老婆的擁抱。而這樣清楚明確的方式，也能夠幫助我們知道該如何給予，才能夠給到對方的心坎裡，讓對方被愛的渴望能夠得到滿足。

 ## 為彼此空出專屬的時間

婚後的生活，或許因為工作、孩子等事務，讓彼此分身乏術，但婚姻最重要的基礎，還是在夫妻兩人的關係上，因此即便再忙，也需要在忙碌的生活中，為彼此空出專屬的時間，來經營兩人之間的關係，以增進兩人情感的溫度。

彼此的專屬時間不一定要多或是長，但是至少一個禮拜能夠排出一個時段，放下孩子、放下工作、放下生活中其他的待辦事項，在這

段時間裡，兩個人能夠完全只屬於彼此。不管是一起吃頓飯、一起去看場電影，或是一起去做任何的事，在這段期間中，兩人可以好好的彼此陪伴，或是輪流陪伴對方，做對方想做的事情，重溫兩人世界，在這個過程中，也會讓彼此感受到被重視及被關愛的感覺。

 ## 定期對話的空間

當生活中有了婚姻等羈絆，難免有摩擦與不愉快，但常常會為了處理生活中的瑣事，讓生活在軌道上，我們必須先壓下這些不舒服的感受，選擇去忍耐或是自己消化，但如果這個情緒與另一半有關，那就不該只是透過忍耐，或是自己消化的方式處理，因為這些不舒服的感受，累積久了，就會成為壓垮婚姻的稻草。

因此為了清理這些不舒服的感受，需要與另一半定期有場面對面的對話，或許不一定要很嚴肅，但是可以表達自己在面對一些事情時，內在的感受跟想法，讓兩人之間的溝通與對話通道，至少是暢通的、可以表達的。因為說出來，才有機會去處理與面對，不會讓同樣的事情，不斷地在彼此心中形成疙瘩。

或許生活中的壓力，與柴米油鹽醬醋茶的生活瑣事，會逐漸消磨兩人相愛的感覺，但還記得兩人當初決定要進入婚姻的雀躍，以及當初相愛時的那份悸動嗎？別忘了，即使面對生活中的繁瑣與壓力，也要一起去找回愛與幸福的感覺，時時溫習，讓婚姻裡的愛情持續保鮮喔！

同理心
是打開伴侶心門的鑰匙

夫妻關係：不只是愛情，更重要是關係

　　筱雅是名職業婦女，因為工作的性質，常常需要額外用到假日的時間加班，進行一些活動的推廣，也因此常需要與老公協調照顧孩子的事情。

　　就在今天加班完，回到家中時，筱雅打開家門的那一剎那，看到小一的大寶坐在客廳看電視，桌面上散落著未吃完零食；而二歲的小寶趴在地上，撿著散落在地板的零食往嘴裡塞，吃得滿臉都是，而老公在沙發上呼呼大睡。

　　看到這樣的畫面，讓筱雅瞬間理智斷線，對著睡著的老公大喊：「你到底在幹嘛，顧小孩顧到一團亂，家裡也亂七八糟，不會幫忙整理一下嗎？為什麼每次都要等我回來做。」被吼醒的老公一臉睡眼惺忪，不知道發生了什麼事，對於筱雅的怒氣感到莫名其妙，覺得自己不小心太累睡著了，又不是故意的，也因此感到委屈，選擇用沉默來回應。

 聽聽心理師怎麼說

　　面對另一半，常會有讓你理智斷線的那一刻嗎？是否有時候也會因此突然爆發的怒氣，而影響到你與另一半的關係呢？

怒氣的產生通常與另一半的行為模式不符合我們的期待有關，面對另一半不符合你的期待時，你都如何面對呢？常常看到許多夫妻，結婚很長一段時間，彼此的互動模式也經歷過長期的累積形成。但在很多時候，當伴侶一方的行為不符合另一方的期待時，最常看到的就是因那些未被滿足的期待，而產生失落情緒，所帶來的傷害。氣氛火爆一點的，不是老婆飆罵老公，就是老公指責老婆；緩和一點的，則是一方生悶氣，一方不說話。

　　然而上述的這些行為，都是造成關係緊繃與惡化的源頭，這些只會將兩人的婚姻關係，帶向彼此相互厭惡的盡頭。

 ## 夫妻之間的指責是傷害關係的利器

　　在關係中，負向的感受往往比正向的感受來的更大、更有傷害性，一個負向的感受，需要六個正向的感受來消彌這個負向的感覺，有時候還不一定能被解決。由此可知，一件負向的事情，對於兩人關係的殺傷力，是需要時間去消化和復原的，這也在提醒我們，在做任何可能會破壞關係的事情之前，都需要先思考，這樣做會帶來的影響和後果。

　　在諮商室裡，常常碰到吵架的伴侶，每次當我問他們，發生什麼事讓他們起了爭執時，百分之七十的伴侶都不記得當初起爭執的原因，但是他們記得的永遠是在爭吵過程中，得到的負向感受。像是覺得伴侶不重視自己，或者覺得自己很委屈，又或是覺得對方在指責自己哪邊沒做好等。

　　而這些負向感受如果沒有好好處理，就像照相機的閃光燈一樣，定格在這個負向情緒經驗的畫面裡，這也是為什麼，很多伴侶在吵架時，有時會翻舊帳，把過去發生過的相似經驗，帶到當下的爭吵中，這也是因為當下這些相似的情緒感受，連結到過去類似的情緒感受經驗裡，進而影響到與伴侶後來的生活，甚至危害到兩人的關係。

如何處理自己突然失控的情緒

夫妻間，最常出現破壞關係的方式，就是指責。如果當你發現，在面對另一半時，常常習慣性地因為對方的某些行為而跑出情緒，不自覺地想去指責對方，或是出現情緒失控的狀況，就要開始去思考自己跟伴侶的關係發生什麼狀況？是什麼原因讓你常常自動化的反應，用指責的方式去與對方互動？是否對對方累積了許多失落感？或是失望的感受？

面對常常習慣指責對方的自己，可以如何調整

1 在情緒爆衝前，先深呼吸，或嘗試做其他事來協助自己的情緒緩和。
2 釐清引發情緒事件的感受。
3 面對該事件，自己最在意的是什麼。
4 對該事件有什麼樣的解讀。
5 整理自己面對伴侶最常出現的失落感是什麼。
6 如何好好的跟對方表達，自己面對該事件時的心情。

當情緒出現時，常會因為情緒帶來的感受，在當下我們其實沒有辦法客觀地去看到其他周遭的事物，也沒有辦法去瞭解伴侶的狀態，進而影響兩人間的互動。因此在情緒爆衝或是失控之前，我們可以如何安撫和整理自己的情緒是很重要的事，才能在穩定的情緒上幫助我們進一步去處理兩人之間的關係。

 ## 面對另一半，你通常用什麼眼光在看他

從筱雅一進門，看到家裡亂糟糟的狀況，先是對老公一陣責難，從這裡也讓大家去思考，面對另一半，你都是用什麼眼光在看待他的呢？如果你都是看到對方沒做到、沒有符合自己期待的部分，那就很

容易因為這樣的眼光，讓我們常常去挑剔對方，忽略了對方有做到的部分，而讓對方感到委屈，好像他的努力只因為一些部分沒做好，就被全盤否定。

如果今天筱雅用不同的眼光看待，那又會有什麼不同的結局呢？

在筱雅一進門時，看到老公在沙發上呼呼大睡，如果筱雅先去關心老公發生了什麼事，讓他在客廳的沙發上睡著了，或許筱雅會聽到老公跟他說，今天用午餐給大寶吃時，小寶將副食品打翻了，弄了滿桌都是，老公為了收拾殘局，請大寶先幫忙照顧小寶；而在老公收拾好，也讓大寶跟小寶好好地吃完飯後，自己才開始吃；為了讚賞大寶的幫忙，所以讓他可以看一下卡通，而老公在收拾完殘局跟讓孩子吃完飯後，自己也累了，在沙發上休息時，不小心就睡著了……

如果今天筱雅先關心老公發生了什麼事情，或許就能知道老公經歷了什麼，而也能夠更同理老公在家帶小孩做的這些事，以及辛勞，也就不會有這些覺得老公沒有好好照顧孩子及整理家裡的心情跑出來，並用指責的方式，讓情緒傷害了兩個人的關係，也讓老公感到委屈，或許當筱雅能理解老公，也心疼老公的辛勞，老公也會回應筱雅加班辛苦了，進而讓兩人的關係又更靠近。

我們可以如何調整自己看待對方的眼光呢？

1 在一件事情上發現對方做不好的部分，可以去思考自己對這件事情在意的點是什麼。

2 在同一件事情上，也去找出對方做得還不錯的三個部分。

3 去思考這三件對方做得還不錯的事情，讓你感受到什麼。

4 向對方表達，先說你覺得還不錯的部分跟感受，再說你在意的部分跟感受。

5　好奇對方當你這麼表達時對方的感受，以及跟對方核對真實的狀況。

6　理解對方的狀態，如果有需要調整的部分，兩人也可以提出來協調。

　　當看到對方做了你覺得不好的部分時，也去看到對方做得還不錯的三個部分，那你還會那麼在意那些小小的缺失嗎？如果會的話就要開始思考，自己是不是在面對事情時，有太多的期待與挑剔，總是要別人做到符合我們的標準，才是好；不符合就把對方全盤否定了呢？

　　有時候當我們能先讓自己暫停一下，不要讓情緒將我們淹沒時，才能夠幫助我們去看見客觀的現實發生了什麼事，也才能夠有彈性跟空間去理解對方的狀態，也能夠因為這樣的理解，讓兩個人的關係更靠近。因此先學習如何整理好自己，好好表達與溝通，是我們在面對關係時，都需要去練習的功課。

維持現狀
別期待有不一樣的結果

「我受夠了，我不想要再這樣下去了！什麼事都要我去做，要他幫忙，他就說他很累，我上班也很累啊，又不是只有他。說好的家事分工，然後就一直拖，不去做也不去幫忙，搞得好像家是我一個人的一樣，然後因為他拖著不做，說他幾句，他就說我煩，嫌我吵，如果他好好幫忙，我會這樣嗎？我受不了了自己去做，又被當成是理所當然。就連請他幫忙顧小孩，我出去買個東西，結果回來後，小孩打翻奶粉，滿地都是，他也沒在注意，只是一直在那邊看他的手機，萬一小孩發生什麼危險要怎麼辦？手機比小孩重要嗎？這麼重要的事情，他一點都不放在心上，他心裡還有這個家嗎？」又萱在進入諮商室後，將累積已久的怒氣一股腦地宣洩出來。

又萱跟老公結婚三年多，進入婚姻以後，兩人就因為生活上習慣的不同，常常發生爭吵與摩擦，小到從進入家門，鞋子要怎麼擺放、衣服要多久洗、假日的時間該如何分配；大到兩個人要如何分配家用，以及在用錢上的想法，都有很大的差異，又萱也很努力地調整自己，去配合老公，許多事情常常自己處理，但當自己一人做久了，他卻開始覺得，好像家是他的責任，每回要老公幫忙照顧孩子；或是要求老公可以為家裡付出一點；或者是期待老公可以對家中有更多的協助時，老公卻常常以累為藉口，或心不在焉；又或者有時候對老公提出的請

求，也總是被忽視。而又萱每次只能說服自己，並重新調整自己的心情，再去面對老公，直到又萱忍到再也受不了……。

「我不知道除了忍耐還可以怎麼做，為什麼婚姻跟我想像的不太一樣，我跟他說了還是一樣呀？我還要繼續忍下去嗎？難道我要這樣過一輩子嗎？」又萱說著結婚以來這段時間的心聲。

我好奇的問著又萱，你的這些心情，老公都知道嗎？

「一開始有說啊！但是說了還是一樣，我就不想再說了啊！」又萱回應著。

 ## 聽聽心理師怎麼說

你跟又萱有類似的狀況嗎？在婚姻中，你也想要兩個人共同努力經營家庭，往更好的方向發展嗎？但當婚姻關係都只有你在努力，做了任何嘗試還是如此時，你只能不斷地妥協與忍耐，透過自己付出努力來維持，但在你選擇維持現狀的方式時，其實也是種逃避，逃避面對兩人之間的問題，也放棄了其他的可能性。因為維持現狀並不會為關係帶不一樣的結果，或是往好的方向前進，只會慢慢啃蝕兩人的婚姻。

 ## 維持現狀是婚姻的殺手

雖然老一輩的人常說忍耐是種美德，但忍耐用在婚姻中，卻只會變成婚姻的殺手，「忍耐」對於維持婚姻關係，其實沒有半點幫助，婚姻關係只會因為忍耐而委屈，勉強了自己，也因此累積了許多的委屈在心中，當這些負向的感受一點一滴的累積，有一天只要雞毛蒜皮的

一件小事，就會成為壓垮兩人婚姻關係的最後一根稻草，殺死了愛情、殺死了關係、殺死了婚姻，甚至也扼殺了自己。

當一方決定用忍耐來面對，或是被迫忍耐時，這樣的婚姻關係就會失衡且不再對等，因為你選擇了用對方期待的方式來互動，所以在配合對方的同時，也犧牲了自己，忽略了自己的感受，而不是用兩人都可以接受的方式來互動。

是什麼原因總是讓你用忍耐來面對？

當你選擇用忍耐的方式面對兩人的婚姻時，就需要去思考與覺察自己在婚姻中的互動模式，是什麼原因讓你選擇用忍耐、妥協、不改變等行為模式，來面對兩人的問題？但其實維持現狀不改變也是一種逃避。

如果發現自己在婚姻關係中，即便有不符合期待或是有怨氣時，自己卻選擇用忍耐來面對的話，或許需要去覺察自身是否沒有重視自己的感受，讓自己在與伴侶或是和他人互動時，習慣將自己擺在後面，常用犧牲或是委屈自己的方式來應對。

不妨去思考自己在面對婚姻時，是哪些原因讓自己選擇忍耐？

1 不敢表達自己的需求？

2 沒有表達自己想法的習慣？

3 覺得自己的感受不重要？

4 你比較重視對方的感受？

5 害怕表達自己會引發衝突？

6 害怕表達後無法符合期待，更讓自己失望，不如不表達？

7 對於關係已經不抱持任何期待？

不管是上述所提及的，或是其他未列出來的原因，讓你選擇用忍耐、維持現狀的方式來維持婚姻關係，自己都需要進一步的去整理，採用該行為模式背後的原因，並調整成新的、適合兩人的方式來面對，

以免未來哪天當壓抑的情緒滿溢，受不了時，突然情緒大爆發，讓兩人的關係走向無法收拾的局面。

兩人的關係，你也需要負一半的責任

在婚姻裡，你是選擇忍耐的人？還是你是讓對方忍耐的人？但其實不管哪一種，都是糟糕的應對方式，因為你並沒有為自己的需求及兩人的關係負責，所以選擇壓抑自己的需要、壓抑自己的不滿，選擇維持現狀。你選擇犧牲自己，但是其實你也犧牲了兩人的婚姻關係。

相對的，讓你選擇用維持現狀並忍耐的對方，他其實也沒有重視你，因為他忽視了你的需要，以他自己的模式、以他自己的想要在過生活，並沒有把你納入兩人的關係中，也忘記了你們在婚姻中是一體的。所以不管是哪一方，你們都沒有為兩人的關係負責，演變成現在的局面，兩人都有責任。

兩人的關係，就像是在跳著屬於你們的雙人舞，如果你總是被對方踩到腳，但你卻沒有告訴他，只是一味地忍耐，那當你痛到忍無可忍時，兩人還能繼續跳下去嗎？還是你會想要把他丟在舞池上，自己到一旁休息療傷？

重新開啟對話，從認識自己及表達自己開始

如果你還重視這段婚姻關係，不妨從現在開始，為你自己的需要發聲，以及為兩個人的關係負責，關係擺著不去處理與面對，不會變好，只會一點一滴的被啃噬，它不會自己修復跟復原，而是需要兩人一起去面對與調整，找出兩人都可以接受的方式，而不是透過忍耐，來互相傷害。

所以如果你還在意這段婚姻，這位你在婚姻中的另一半，那麼從自身開始改變吧。如果你想維持現狀，那麼你就需要接受自己的選擇，因為你沒有為這段關係努力，也讓你們的關係一直維持現狀。那就不要因為你的維持不動，來抱怨對方，因為這是你自己選擇後果，你也需要為這個後果負責。

重新面對兩人的關係你可以怎麼做？

1 思考自己對於婚姻的期待和在意的是什麼？

2 你期待對方怎麼做？

3 你猜對方對於婚姻的期待與在意的又是什麼？

4 他可能期待你怎麼做？

在關係中最重要的是先釐清自己想要什麼，以及對關係中的另一半保持好奇，去好奇對方想要的又是什麼。當你先釐清自己的狀態後，接著就是如何與老公對話了。

重啟對話的方法

1 選一個適當的時間與對方對話。需要兩人都放下手邊的事務。

2 從表達自己的需要開始，不指責對方。

3 詢問對方，當聽到你的需要時，他有什麼想法？

4 傾聽對方對於婚姻的期待與需要。

5 面對兩人不滿意的地方，一起討論出雙方都可以接受的方式。
  或許不是百分之百都可以接受，但試著找出兩人都能接受的平衡點，而不委屈自己跟對方。

6 定期約個時間，回顧這段時間的改變，以及還有哪些部分需要再調整，兩人可以隨時調整跟變動，讓兩人對於彼此的關係，與婚姻的期待能越來越自由的對話。

當你可以心平氣和地和對方說話時，再與對方好好地重啟對話，以免因未整理好的情緒，而讓兩人的關係變得更糟，更難以處理。

價值觀不同怎麼辦

夫妻關係：不只是愛情，更重要是關係

「再這樣下去，我不知道未來的日子要怎麼過，有了孩子以後要怎麼生活……。」懷孕七個月的希悅擔憂地說著目前的心情。

「發生了什麼事情，讓你有這樣的擔心呢？」我問著希悅。

「婚前老公對我跟家人都很大方，我想要的東西，他都會主動買給我，對於我的家人也是，常常會買東西給他們，或是請家裡人吃飯，我想說他對我跟我家人這麼好，或許是個值得託付的對象，但是婚後才發現，他不只是對我跟家人大方，對他的朋友們也很大方，也因為常常花錢不懂得節制，他根本就是月光族，我們常常因為他用錢的方式在吵架，現在小孩也即將要出生了，我不知道這樣以後小孩生出來要怎麼辦……。」希悅說著婚後和老公相處的困境。

希悅小時候家裡環境不是太好，也因為害怕沒有錢的日子，而養成了他節儉及儲蓄的習慣，所以對於喜歡的東西，都會再三考慮是否有必要購買。認識了老公以後，也很開心享受老公對自己的大方，覺得老公願意把錢花在他和家人的身上，也是一種對於自己跟家人的重視。但在婚後卻也因為這樣的用錢方式，讓兩人常常產生摩擦，也會因為老公花光了自己的錢後，會跟希悅尋求金錢上的協助，也造成了希悅的負擔，甚至去花用到自己的積蓄，對於老公的用錢方式，希悅跟老公討論過很多次，但老公覺得這是小事，他一直以來都是這樣子的，也覺得人生苦短，難道不能放鬆一點過日子嗎？等沒錢再來想辦法就好了，也因此讓希悅面對即將出生的孩子，對未來充滿焦慮。

聽聽心理師怎麼說

　　希悅因為老公用錢不知節制，等錢用盡再想辦法的金錢觀念，與老公發生了摩擦，婚前被老公的大方吸引，但在婚後因需要一起承擔起家庭，這也讓希悅眼中老公婚前的優點，在婚後變成了缺點。

　　不管是夫妻還是交往中的伴侶，面對價值觀的差異而引發的爭吵，是很常見的現象，小到東西的擺放、對於事情的看法、情緒上的感受；大到是否生孩子、要買房還是租房、是否要與公婆同住等，這些問題都會發生在兩人之間。因此在價值觀上的落差，以及雙方的認知差異，就很容易引發雙方的摩擦跟衝突，而如何取得中間的平衡點，是每對夫妻及伴侶都需要去學習的。

　　幸運的人，找到和自己價值觀相似的伴侶，在磨合的過程中就會容易些；辛苦的人，遇到和自己價值觀差異極大的伴侶，就需要多花些心思在兩人的磨合上。但重要的是，在面對這些差異時，彼此願意好好地面對跟調整嗎？因為各自的堅持，對於婚姻關係是沒有幫助的。

 ## 為什麼兩個人的價值觀會不同

　　價值觀的養成，絕大部分來自於我們的原生家庭，以及成長經驗，對我們想法與觀念的塑造有很大的影響。因此一個人的價值觀，大部分會與原生家庭成員們的價值觀是很相似或是相同的，這也代表過去他就是用這些想法在生活的。

　　然而進入婚姻之後，不只代表兩家人的結合，也代表兩種不同價值觀的結合，然而不同價值觀的結合，不是一件容易的事。好的結合方式是，夫妻各自帶著原生家庭的價值觀，一起溝通並協調出適合兩人小家庭的價值觀；但也有很大一部分的夫妻，沒辦法調整成自己新

的小家庭的價值觀，也因此，可能會在生活中產生許多摩擦，或是不諒解。因為我們可能會覺得，我以前都是這樣子活著的啊，為什麼結婚後這些就不行了？有時也會讓人產生自我懷疑，覺得我的這些都不對嗎？真的都是我的問題嗎？

然而價值觀並沒有所謂的對錯，它只是反映了我們過往的生活經驗與生活模式，每個人的價值觀也代表著他的信念，然而價值觀並不會永遠都一成不變，它會因為生活中發生的某些事件，而讓我們調整或改變。

 ## 需要形成新的價值觀

希悅因為過往的生活經驗，擔心再過苦日子，覺得在金錢上的使用需要事先規劃，且須定期儲蓄，讓自己身上有足夠的錢，他才能安心，這是屬於希悅的價值觀。

而希悅的老公則認為，人生已經過得很辛苦，每天辛苦工作，就是為了生活，為什麼不能對自己好一點，做想做的事情、吃好吃的美食、買喜歡的物品，錢再賺就有了，這是屬於希悅老公的價值觀。

希悅跟老公的價值觀反映了兩人在過去生活經驗上的差異，然而這兩種差異極大的價值觀放在一起，其實是有衝突的。因為及時行樂的觀念，就沒有辦法未雨綢繆，也沒辦法讓金錢儲蓄下來，甚至還會花到不夠用，因此兩個人也需要在各自的價值觀上，形成新的且屬於兩人小家庭的價值觀。

像是面對希悅在意家庭跟孩子的部分，就需要將家庭觀念的價值觀納入兩個人的小家庭裡，也需要讓希悅的老公認知到希悅在意這些事的原因。

1 彼此可以先談談對於家庭的想法。

2 在經營家庭上，各自在意的部分是哪些。

3 這些在意事項的優先順序。

4 彼此覺得哪些是需要重新調整的。

5 如何在原有的價值觀，加入新的價值觀，以取得彼此的平衡。

　　當希悅的老公能夠理解跟意識到家庭這部分的價值觀時，他在做任何事情之前，就可以先想一下這部分，再去做他想做的事。而在後來，希悅的老公也試著調整，在每個月拿到薪資時，先拿一部分作為未來孩子所需的花費及家用，剩餘的自己再去分配和運用，更試著調整了大方請客，以及和朋友吃飯的次數，而這些改變也讓希悅解除對於家庭經濟及未來孩子出生後的擔憂。

　　在婚姻中，並不需要完全捨棄自己的價值觀，以希悅的老公為例，他並沒有完全捨棄本來的價值觀，而是在自己原有的價值觀上，再加入需要先考量家庭的部分。

 ## 哪些部分需要重新調整

　　可先檢視目前自己和另一半的價值觀有哪些差異，哪些是相似的、哪些是差異極大的，而那些差異極大的部分，就是兩個人需要重新調整，並加入新的價值觀，以形成屬於兩人專屬的家庭價值觀。

1 生活習慣。

2 金錢觀。

3　時間觀念。

4　家務分工。

5　親子教養。

6　與朋友及異性的界限。

7　家庭與個人時間分配。

8　與彼此家人相處的時間分配。

　　若兩人的價值觀出現落差，其實並不是壞事，而是一個可以讓雙方談談彼此想法的機會，以更加瞭解彼此。也沒有需要委屈誰，而是兩人如何在自己原有的價值觀上，再多加一點，進而取得共識與平衡，形成屬於兩人小家庭的新價值觀。

別只想要改變對方

夫妻關係：不只是愛情，更重要是關係

「老師，你可以告訴我要怎麼樣改變我老公嗎？只要他可以改變，我們的問題就解決了！所以你教教我有什麼方法？」曉玫在諮商室裡認真地對我說。

「你想要解決你跟老公之間的問題，我也聽到你願意努力來學這些方法，來讓你們的關係可以改善，那你想要改變他什麼？」我沒有立刻回應曉玫，到底有沒有辦法可以幫助他，我更好奇的是，他跟老公發生了什麼事，讓他感到困擾，且聽起來他在過去已經嘗試了不少的努力。

曉玫和老公結婚快五年，在第三年時懷上孩子，在孩子出生之前，兩人各自保有獨立的生活模式，在假日時，偶爾會有個人時間，去做自己的事情，但在孩子出生後，老公並沒有因此而改變，老公依然照著生小孩前的狀態在過他的生活，曉玫也因為照顧孩子的疲累，讓曉玫對老公產生許多的埋怨，覺得老公在家中不夠用心，而且把照顧小孩的責任都丟給自己，只想著他自己，曉玫也常常因為忍受不了，而與老公發生爭吵。

「為什麼照顧孩子都是我的事，老公一個人很自由，想去哪就去哪，我卻因為孩子哪裡都不能去，我也想要假日跟朋友出去啊，跟他說希望他可以幫忙做哪些事，他就說他很累、或是有時候加班到很晚、或者要跟朋友去吃飯，難道我都不會累嗎？」所以曉玫希望老公可以

主動照顧小孩、主動協助做家事、偶爾幫忙採買、小孩哭可以幫忙哄
……等，多花點心思在家庭裡，而不是在他個人的事情、或是交友上。
曉玫希望透過諮商可以讓他改變老公的行為，曉玫覺得只要老公改變，
他們的問題就解決了。

 ## 聽聽心理師怎麼說

　　常常有很多伴侶，或是夫妻的其中一方進到諮商室裡，期待透過
諮商，他能夠學到一些方法，並帶著這些方法回去改變另一半，進而
讓他不舒服的點，或是困擾的地方可以解決。

　　如果你也有同樣的想法，我需要很直白的告訴你，要改變另　方
那是不可能的事。因為來諮商的是你，或是現在正在看本書的是你，
並不是另一半，除非你跟另一半溝通討論過，對方也願意改變跟調整，
或許兩個人還有機會調整成你期待的樣子，否則你單方面想要對方改
變，是很困難的一件事。但也別因此太快感到灰心，因為的確有可能
因為你的改變，影響到兩個人的互動，而引發他的改變，所以你願意
從你自己先開始調整嗎？

 ## 不符合期待時，你如何應對？

　　當我們想要改變老公的同時，其實也代表著面對現在的婚姻，我
們是不滿意的，因此期待婚姻可以變成我們想要的模樣。但是在面對
關係中不滿意的狀況時，你通常都如何面對？你會把對於對方的不滿
意，好好地說出來？還是你是用指責的方式數落對方的不是？又或是
你會不斷地跟對方講道理，來說服他改變成你滿意的部分呢？然而大

部分我看到在婚姻中想要改變的一方，通常都是用指責的方式，在數落著另一半的不是。

如果當你用上述的方式在跟對方互動時，其實不只你對於現在的關係不滿意，對方對現在的關係也不一定滿意。我們可以想像一下，如果今天有一個人一直對著你碎念、指責、咆哮，你有可能好好地聽他要說什麼嗎？通常想躲都來不及了，怎麼可能好好地聽對方說什麼呢？

所以我們與老公的應對關係，都會影響到我們收到什麼樣的回應，當然我們還是可以表達我們對於婚姻關係的期待，但不妨在表達前換個角度去思考，該怎麼表達，才能讓對方接受，又不會讓對方感到不舒服呢？

 ## 關係失衡

會想要改變對方，代表你對對方抱有期待，但是當你帶著這份期待去要求對方時，就會讓兩人的關係變得不對等，因為他感受到的可能是，你在要求他順從你自己的想法，是一種很隱晦的控制。所以當你開始要求對方時，關係已經變成一種上對下的狀態，通常被要求改變的一方，也會因為這樣不對等的關係，而引發出許多的感受。

因此在與對方互動時，需要先去思考，當在表達自己的需求，並期待對方改變的同時，要如何維持雙方對等的關係？如此一來，你的期待或許比較容易被聽進去，不會讓對方感受到被要求或是被迫，進而產生抗拒。

也不妨去思考，當你要求對方改變時，這真的是為了彼此的關係好嗎？還是只是自己以為好的方式？這是對方真的想要的嗎？或是我們只是透過這些改變來讓自己好過呢？若我們可以明白對方的心情或是想法，就可以更加瞭解，對方改變與不改變的原因。

對方為什麼不改變

當你期待對方可以改變，但是對方卻不願意改變時，你有猜想過原因嗎？如果他的改變能讓關係變好，為什麼他不願意改變？還是其實他並不這麼認為，而你也沒有將他真正的原因聽進去？

對方不改變的原因可能如下

1　你的要求他做不到。

2　他不想要變成那個樣子。

3　他覺得你不尊重他的感受。

4　他覺得你在無理取鬧。

5　他並沒有覺得現在這樣，哪裡不好。

6　他覺得你在攻擊他、說他不好，進而讓他防衛，不想理你。

在你提出希望對方可以改變及調整時，他的想法是什麼？有哪些地方他也希望你能改變跟調整？如果對方不願意改變，就代表彼此間沒有取得共識，這不是他想要的。然而要求對方變成自己想要的樣子或是行為模式，這真的是愛嗎？還是對方只會因為你的要求，感受到你在指責他的不是呢？

找到兩人都同意並有共識的目標是很重要的事，對於你期待對方的改變，兩人是否開誠布公地討論過，或只是一方的要求，要另一方照做呢？這些過程都會產生截然不同的結果。

配合久了也會累

　　如果你常在關係中提出要對方改變的要求，或許在關係的初期，對方會願意去調整，但是若常常單方面去遷就、配合，也會覺得委屈、覺得累。如果這不是他理解後，心甘情願去調整的，有時只會變成為了避免你不開心，或是兩人的爭執，而虛應故事；也有關係演變到後期，對方受不了，直接忽視這些狀態，逃避面對兩人的互動。為了避免讓關係進入這樣的狀態，或許我們可以先將目光放回到自己身上，如何透過自己的改變，讓對方也願意去改變。

　　最好的應對良藥，其實是「傾聽」。關係中的傾聽尤為重要，當你願意從自己開始，先去傾聽對方那些說出口，跟沒說出口的想法和心情，當對方覺得被理解，與安全了，他也會願意開始去傾聽、去理解，那些你期待他可以聽見的聲音。

　　如果彼此願意調整和改變，當然很好，但是如果碰到的狀況是對方無法改變，那你能接納對方的狀態嗎？有時當我們能夠接納伴侶，並如實地去經驗、理解伴侶的狀態時，就是愛的開始，對方也能夠感受到你的這份愛，進而讓關係變得更有彈性。

家務是誰的責任

「不公平！憑什麼他說上班很累，假日再說，兩手一攤後，就什麼事情都不做，好像這個家跟他一點關係都沒有！我也很累啊，如果不做，那誰要做？家事、小孩通通丟給我，說什麼照顧好家裡，是老婆的責任；他的責任是努力賺錢養我們。但又不是只有他在工作，我也在工作啊！早知道這樣，我就不結婚了。談談戀愛還比較開心！」姿璇抱怨著。

「老公說我是全職媽媽，在家很輕鬆，反正我在家裡也沒幹嘛，就顧小孩跟做家事，有什麼難的，還說我都不體諒他，他上班每天壓力很大，我難道不能讓他好好的休息嗎？我也能理解，他上班很累、壓力大，也很辛苦，但是我也在家忙了一整天，我也想要好好的休息啊！」雅芬說著。

「每次請老公幫忙，他就說他不會，也做不好，不如我自己做比較快，但是他可以學啊，而不是因為我會，就把事情丟給我，然後他就沒事一樣，什麼都不需要做了！」子琪說著。

 聽聽心理師怎麼說

上述的這些心聲，是否讓你感到熟悉，面對家務分工，你家裡的狀況也是如此嗎？

然而這些不滿的心情，也是我常在諮商室裡，聽到不同的老婆，冒出的同樣心聲。如果你與你的伴侶，常因為家務分工而引起不滿或衝突，除了代表你們現在在處理家務的模式並不適合你們外，也有可能是面對不同的家務，你們都採取同樣的模式去應對，並沒有彈性針對不同的家務，有不同的因應方法。

　　家務看似是家庭中很瑣碎的小事，但卻是讓家庭可以順利運行的必要存在，因為當家務沒有人做時，家中可能會開始失序，亂成一團，包含衣服沒人洗，出門沒衣服可穿；洗碗槽裡堆積著沒人清洗的碗盤，也沒有餐具可用；家中垃圾堆積，造成環境的髒亂……，這些看似很瑣碎的小事，卻會直接影響我們食衣住行的日常。

　　然而既然家務這麼重要，那到底誰該來做？其實只要同住在一個屋簷下，不管是誰，都有責任一起維護這個家，讓整個家庭可以順利地運行下去，而且家務也代表著我們對家庭的付出。

　　家務分工的方式有三種：**1** 根據男女傳統性別角色來分配、**2** 根據大家的空閒時間分配、**3** 根據擅長度與喜好來分配。如果你們運用的模式，是你們彼此認同的，那會發生衝突與不滿的機率就會降低。但絕大部分的問題都是出在，兩人對於家務分工認知的差異，而讓這些家務分配與責任，引發雙方心中的不平衡。

　　婚姻中最害怕的就是這種不平衡的心情，會持續累積負面的情緒，一點一滴蠶食了兩人的婚姻關係與情感。其實不管是你在家中扮演職業婦女或是全職媽媽的角色，所有的家務都需要分工，也不應該只由某一方去承擔。

 ## 檢視家務的分工，以及內在狀態

　　「為什麼家事都我在做？」、「這個家好像是我自己一個人的一樣！」、「照顧小孩還要整理家務好累喔！」、「如果我不做，那還有誰做？」……，

當你心中出現這些聲音，其實都在提醒你，家務已經讓你累積了許多負能量，甚至整個家庭維護的重量，都失衡的壓在你身上，所以該重新調整目前的狀態，以免危及兩人的婚姻關係。

不妨思考下列幾個問題

1　如果家務分成百分比來換算，在你身上的比重是多少？
2　要調整成多少比重，你覺得自己可以游刃有餘？
3　家務是否已經影響了你的狀態，而又在哪些層面影響你？
4　面對家務，哪些時刻會讓你覺得心裡不平衡？
5　你如何看待家務這件事？
6　這些家務是不是能夠有更多的彈性去執行？
7　除了家務，每天是否有留一小段空白時間給自己？

　　當你在檢視上述的問題時，其實也重新在幫你審視，家務對你造成的影響。或許過往的日常生活中，有太多的待辦家務等著我們去完成，所以沒有太多時間去覺察我們的心情，以及對我們造成身體或是心理上的影響。不妨趁著這時候，好好檢視自己的狀態，藉此釐清可以如何調整。

 ## 協助老公認知一起分擔家務的重要性

　　並不是所有老公都會把分擔家務，視為每個人都需要為家庭付出的基本，如果你的老公是以男女傳統性別角色分配的眼光來看待家務分工的話，那大部分家務的承擔，就會落在女性照顧者、身為女性的你的身上。又或是以空閒時間來分配的話，全職媽媽也有可能被老公認為因沒有在工作，所以最有空，而被迫去承擔大部分的家務。

　　然而因家務分工而對老公感到不滿的你，要扭轉現況，最重要的是要協助你的老公去意識到，現在家務分工的模式，對你的影響層面，

以及當你承擔過多時，心裡的不平衡，所引發的負面情緒，這樣的情緒對你們婚姻關係造成的影響。

你也需要讓老公知道，當家務分工有他的投入時，對於你的心情和狀態的影響，以及會讓你們目前的關係產生什麼改善與變化，為什麼你覺得這件事對你來說很重要。如此一來，老公才會知道，他的投入對於家庭和對你的重要性，以及這會如何影響到你們的家庭與婚姻關係，這些都能增加老公投入家務分工的意願。

現在家務分工的失衡，如何影響你？你可以從以下三個層面分析，協助你並讓老公知道，目前狀態對你的影響。

1 在身體狀態的影響

⇒ **例如**：當承擔過多家務時，可能因身體疲憊，而需要更多的休息，所以把精力放在恢復自己的狀態上，也讓兩人無法有更多的交流，無法好好的互動，無法擁有兩個人相處的時間，也可能會因為疲倦感到易怒，而影響到兩人的相處。

2 在心情上的影響

⇒ **例如**：當許多事情都是自己在付出時，產生的心裡不平衡與心情不愉快，讓自己累積了許多的負面情緒，也容易對老公有情緒。也會讓自己在面對老公對自己提出需求時，自己會因為帶著這樣的不平衡，也不會想去滿足對方。

3 在兩人關係上的影響

⇒ **例如**：當都是自己在做家務時，易感覺到孤單，什麼事都得自己來，也因此對老公產生芥蒂或是失望，更讓兩人在相處時，無法用輕鬆愉快的心情與對方相處，甚至不想與對方互動。

當你能夠釐清若自己承擔過多的家務時，會如何影響到自己的身心狀態與兩人的關係，甚至是影響到整個家庭的關係時，才能夠將這些影響告訴老公，並讓老公明白。

家務該如何分工

當你的老公有意願跟你一起調整時,要如何重新分工呢?不管兩人之前是如何分配的,不妨試著全面重新檢視所有的家務分工。

1 將家中的家務全部列出。

2 家務項目中,你與老公擅長做的、喜歡的是哪些?哪些是你與老公不擅長、不喜歡的?

3 檢視現在的家務裡,各自能負荷的比重是多少?

4 針對所有的家務項目,你們打算採取什麼模式分配?

5 保有彈性,隨時依彼此狀態做出家務分配上的調整。

透過上述方式,將家務重新調配,但須理解,並不是所有家務都能均等的分配,因不同的家務會有不同的分量,在不同的家庭階段,也會有各自不同的貢獻,然而在家務分配的過程與執行中,你最在意的是什麼?

是需要對方跟你公平的分配?還是期待看見對方願意一起分擔的心意?或是對方願意為家裡付出的感受?還是你希望對方可以配合你?或依照你的喜好與意願?不妨好好思考自己在意的是什麼,這些在意的事情,也需要讓老公知道,藉此幫助彼此增加在家務分工這部分,雙方對彼此想法與感受的瞭解,也讓他知道面對這件事情,可以採取什麼方式與你互動。

婚姻中那些小事,累積久了就會變成壓垮婚姻的大事。畢竟我們都不希望離婚的理由,最後是以對方都不做家事,什麼都不願意分擔,什麼都我在做,讓自己受不了,不想再讓自己那麼累、那麼孤單,所以決定以離婚的方式收場。因此想要擁有良好的婚姻關係,就從家務分工的團隊合作開始吧!

別人的老公
從來都不會讓我失望

夫妻關係：不只是愛情，更重要是關係

　　曉雯一進諮商室，就開始數落老公種種的不是，訴說著最近和老公發生的衝突。

　　「心理師你說，為什麼我老公這麼沒有上進心？別人的老公一個月給老婆 6、7 萬，他才給我 5 萬，要他再給我多一點，有什麼錯？別人老公辦得到，他為什麼不行？而且我朋友的老公回家還會幫忙做家事，都捨不得讓老婆辛苦，我的老公卻只有幫忙掃地跟倒垃圾……。」

　　「所以你對於老公的這些不滿，你通常都怎麼跟老公表達呢？」我問著激動的曉雯。

　　「就把剛剛的話都說給他聽呀！但是我說有什麼用，他也沒有任何的反應，有時還擺臭臉給我看。」曉雯說著。

　　「你有想過，你的行為老公可能不喜歡嗎？」我問曉雯。

　　「我也不喜歡這樣啊，我不甘心，別人的老公從來不會讓我失望，為什麼我老公不能跟別人一樣呢？可以多體貼一點，幫忙分擔其他家務，主動照顧孩子啊！」曉雯不解自己的行為，對於兩人的關係有什麼不妥。

　　在你的婚姻裡，是否也曾發生和曉雯相似的情況呢？對於老公的表現不滿意，所以想盡辦法要老公調整，或期待老公可以跟別人家的老公一樣，溫柔體貼，可以多為你跟家庭做些什麼。

聽聽心理師怎麼說

常在許多的婚姻社團與討論看板中，看見一個現象「隱晦的比較」，在這些社團裡，只要出現文章內容中寫著老公該如何體貼老婆、照顧家庭，又或是有些人分享老公對自己多體貼時，其他看到的人就會去標註自己的老公，期待老公能看見，並得到相同的對待。

當然嚴重一點的情況是「直接的比較」，如果老公不符合自己的期待，或是看到讓人稱羨的部分時，便會用充滿哀怨的口吻對老公或他人說出：「別人的老公從來不會讓我失望。」或是直接對老公表達不滿或批評，但這些話。相信聽在老公耳裡，也會讓老公對你失望。

而上述的這些現象，存在部分的婚姻裡，老婆對老公充滿期待，但若對老公的表現不太滿意，也疏於溝通，久了之後累積了怨氣，也無處抒解，於是用了攻擊性的方式呈現出來。

如果你只是表達自己的期待或想法，這樣做是沒有問題的，但若在表達自己的期待跟想法時，跟老公說別人家的老公怎麼做，或希望他跟別人家的老公一樣時，或是因此就對老公充滿哀怨，那可要小心，你的行為會為兩個人的婚姻埋下危機。

 ## 比較是婚姻的殺手

希望獲得伴侶的愛與體貼是人的天性，所以當伴侶沒有按照我們的期待，感到失望、埋怨，這也是人之常情。然而當你在期待能獲得伴侶關愛的同時，伴侶也會期待獲得你的關愛，且如果只是一味與他人比較，或是想要透過比較來喚醒伴侶，讓伴侶可以有所警醒來滿足自己的期待，這樣的方式通常會失敗。

因為大部分的伴侶在被比較的當下，會覺得自己被攻擊，好像在說自己不夠好，或是哪裡有錯，這時通常會想要透過防禦的方式來保護自己，也因內心處於焦慮的狀態而變得較敏感，所以用比較的方式去表達，伴侶通常不會聽見你的需求，會被聽見的只有你對伴侶的攻擊。

所以透過「比較」的溝通方式，來表達自己對伴侶的期待，以達到自己想要的結果，通常是無功而返，且會讓伴侶感受到你對他的不滿意，你認為他不夠好、你覺得他不如人，反而讓兩人的關係變得疏離。

或許你會因為看到別人的老公，對老婆的照顧或體貼，也希望自己能擁有像這樣的婚姻關係，但因每個人都是獨一無二的個體，所以不同夫妻的組合與互動，也會有各自的差異，如果對老公抱持著不切實際的期待和幻想，只是一味地希望自己的老公可以像別人一樣，反而會讓自己跟對方，陷入對彼此無止盡的失望。

 ## 檢視自己對婚姻及伴侶的期待

不妨先檢視自己對婚姻和對老公的期待，這些期待是否符合兩人婚姻的現況，以及是否符合現實、符合老公的狀況，是老公可以達的到的嗎？還是只是你自己一廂情願在期待、在強人所難？也沒有與老公討論過？而如果老公也對你提出同等的要求，你能夠做到嗎？

互相尊重與體諒，是婚姻的基石，如果沒有辦法體諒對方，只是一味地向對方提出要求，反而會讓對方覺得被控制、被要求，而不甘願去做，甚至久了之後，對方便會覺得自己常常被強迫，也因此對彼此及關係失望，因此你在期待對方時，需要以不同角度去思考及多方考量。

如果我們對伴侶的期待，是不符合現況的，例如：老公一個月賺 6 萬塊，你要他全部交給你，沒有任何生活費的他要如何生活？又或許你願意給老公零用錢，但金額是經過討論後，是符合他生活狀況的，

還是對他是苛刻的？如果是這樣，他會不會對他自己的付出，一點動力都沒有？因為他賺的錢都給了家裡或老婆，自己也沒有因此比較充裕或快樂，那你覺得他會想要繼續這麼辛苦下去嗎？或許維持家庭的狀態很重要，但照顧另一半的心情跟狀態也一樣重要。

接納現實

在婚姻中不切實際的期待，才是帶來痛苦的主因。所有的關係都不一定能滿足你所有的需求，對方在滿足你之前，他也需要先照顧好自己、愛自己，這樣他才不會對自己勉強，也不會對兩人的關係感到勉強。

當你能體諒與理解對方時，對方也能感受到你對他的關愛跟在乎，並願意主動付出更多，或是滿足你的需求與期待。或許你對老公表達過你的期待，但是他沒有立即滿足你，並不一定代表他不在乎，或是他不願意做到，或許他只是先放在心裡，等他能力許可或是狀況好時，再展開行動。

但如果對方一直沒有辦法滿足你對關係的期待，你能夠為自己負責，並滿足你自己嗎？或是跟對方討論其他的替代方案呢？

看見老公跟自己的需要，創造屬於兩人的專屬幸福

別人的感情是別人的，你的感情也需要你用心經營。那些你羨慕的，不一定符合你們的婚姻狀態或是適合你的，所以不妨去思考，自己跟老公的需要，以及兩人現實的狀況。當兩人願意為彼此付出，滿足彼此的需求，才能創造出屬於兩人的專屬幸福。

1 夫妻雙方先各自思考，找出自己在婚姻中，希望被體貼、滿足的地方，並列出具體的做法。

2 約定一個時間表達彼此的需要，並試著用下列的語句，表達自己的期待與感受。

> ⇒ **例如**：我期待你可以＿＿＿＿＿＿＿＿＿＿＿＿＿＿，當你這麼做時，我感覺到你＿＿＿＿＿＿＿＿＿。
>
> 我期待你可以每天出門前抱我一下，當你這麼做時，我感覺到你對我的愛。

3 當跟老公提出自己的期待時，邀請對方說說，當下他聽到的想法跟感受。

4 跟老公討論出他願意採取的做法。

> ⇒ **例如**：當老公聽到老婆期待每天出門可以被擁抱，老公願意，但是有時趕著要出門時，是否能回家再補償，或是當自己忘記時，老婆能不能主動擁抱提醒？

5 當你提出一項需求時，也請老公對你提出一項需求，這樣互相才公平喔！

　　當你覺得現狀需要調整時，可以依上面的方式跟老公表達跟溝通，也請老公覺得如果有地方需要調整時，記得要說出口。

媽寶老公怎麼辦？

夫妻關係：不只是愛情，更重要是關係

　　婚前婉瑩覺得老公很孝順，也因此讓婉瑩覺得老公很可靠，是個值得託付終生的對象，但在結婚後，婉瑩才發現老公太孝順了，婚前老公每個月的薪資，都是交給婆婆保管，自己只拿一些生活費，或是額外需要用錢才去跟婆婆拿。

　　婉瑩覺得現在兩人已經結婚了，希望老公可以把錢拿回來，兩人自己規劃跟保管，但是老公覺得他媽媽管得好好的，也沒有什麼不妥，他覺得不需要把錢拿回來自己保管，只要像之前一樣，拿自己的生活費跟家用，剩下的還是放在他媽媽那邊，他也不覺得這樣有什麼不好，而且以前都是這樣做，現在突然改變，不知道他媽媽會怎麼想，說不定還會讓他媽媽覺得不孝。

　　婉瑩覺得，雖然老公對自己很好，也很體貼，會幫忙分擔家務跟以家庭為重，但只要任何牽扯到婆婆的事情，自己就會被下放到第二順位，老公事事以婆婆的意見為主，擔心婆婆的感受，也讓婉瑩覺得雖然沒有跟婆婆住在同個屋簷下，但卻覺得婆婆的影響力如影隨形，也常讓婉瑩覺得心裡不平衡，一直被婆家干涉，且被迫妥協。

聽聽心理師怎麼說

　　在你跟老公的婚姻關係中，是否也有跟婉瑩類似的狀況呢？老公凡事都需要聽婆婆的意見，跟你說好的，只要婆婆知道後反對，老公

就立刻改變風向順從婆婆，也因此常讓你感到不被尊重與重視，好像自己都只能不斷的退讓或妥協，也因而感到滿腹委屈。

結婚後，需要開始經營自己的小家庭，不管是老婆還是老公，都要脫離對原生家庭的依賴，以及在情感上須跟原生家庭的父母劃出一個界限，而這個界限是為了要保護自己的小家庭，並開始學習獨立經營自己的婚姻生活。當原生家庭的連結與干擾過多，都會影響你與伴侶間的連結，如果一直放著不去處理跟面對，只會任由問題惡化，潛藏的傷害也就會越來越大。

 ## 什麼是媽寶？

媽寶是指過度依賴父母，缺乏獨立思考的能力，常把父母掛在嘴邊，所有事情均以父母為中心，凡事皆順從父母意見；或是樣樣都由父母代勞，自己懶得處理也不想負責。

媽寶的養成有分成以下情況

1 父母緊抓住孩子

父母因為自己的焦慮，而對孩子過度保護。或是因為孩子未能與父母建立起互相信任與獨立的互動，而讓父母不放心，並將孩子抓得很緊。如果在孩子成人後，也不懂得劃界限，沒有能力與父母溝通，只會讓父母持續且牢牢地抓著自己。

2 孩子自願被父母抓住

有些孩子不願意為自己的決定負責，於是讓父母幫自己做決定，以避免當結果不符合預期而被責難。有的孩子因為擁有父母協助，也習慣父母給予的舒適圈，因此不想付出任何的努力，只想繼續享受父母的代勞，過著自己什麼都不用做，什麼都不用負責的生活。

如何讓老公可以跟自己站在一起

如果婚後才發現老公是媽寶，而面對公婆的要求與期待，老公也沒有替自己爭取並改變這個局面的話，那就需要去思考，在兩人的婚姻關係裡，你要扮演什麼樣的角色？繼續像老公一樣當聽話的乖媳婦，或是為自己出征？如果你想要改變現況，也需要幫老公「轉大人」，讓他成為不再依賴父母，能為自己婚姻負責的成人。

大部分的人，會依照他過去習慣與原生家庭的互動模式，在現在的小家庭中互動，有一部分原因是他沒有意識到，這個行為模式會替自己的小家庭帶來什麼後果，所以如何幫助老公意識到這一塊，是很重要的一環。

那該如何表達，才能完整說出你的感受，又不會引起老公的不悅？畢竟大多數的人，在父母遭受指責或是批評時，都會本能的跳出來幫父母辯解，就算今天指責的對象是老婆，情況也不會有所不同，所以如果繼續抱怨，聽在對方耳裡就會覺得刺耳，感受到不被你認同跟理解。

如果不表達又讓人感到憋屈，因此如果想跟老公成為盟友，表達的方式很重要

1 先整理自己的感受和情緒，在面對老公的媽寶行為時，哪些事情讓你感到難受？並試著練習該如何跟老公表達。陳述事實，而非用充滿抱怨與情緒的字眼，這會讓老公想要防備。

2 找一個安靜又不受干擾的時機，在彼此情緒狀態良好的狀況下，進行溝通。

3 談話的過程中，維持平靜且不具威脅的氣氛，讓對方感到安全而願意敞開。

4 讓老公知道，你想要跟他談這件事，是希望兩人的關係可以更緊密，而不是更疏遠。

5 當老公願意傾聽時，請老公先好好聽你說完，不要打斷，當你說完後，自己也會願意聽他盡情地表達想法。

6 向老公說明，哪些行為讓你覺得難受，只要陳述事實就好。切忌不要不停的抱怨訴苦，只從你個人的立場跟感受去表達，並聚焦在你覺得需要好好處理的事情上。

7 說明這些行為對你們婚姻關係造成的影響，以及你期待老公可以怎麼調整？

8 詢問老公，當你表達這些行為時，老公有什麼感覺？聽聽老公的心情跟想法。

9 仔細聆聽老公的回應，並跟對方一起討論、協商，讓對方明白你想一起改變的決心。

先仔細思考自己處在老公與公婆間的角色和定位，是什麼讓你和老公陷在這個窘境裡，如果沒辦法讓老公跟自己站在同一陣線，那麼你後續不管怎麼努力都沒有用，因為當你要劃出界限時，勢必會引起公婆的不滿，他們就會把壓力施加在老公身上，如果老公無力應對，也沒有跟你站在一起，那麼他回家就會指責你的不是，進而引發兩人的衝突。然而也切記，這些調整跟改變，不是你替老公發聲，因為這樣只會讓婆家覺得你是帶壞他兒子的人，而讓你的處境更加堪憂。

 ## 如果老公不願意調整怎麼辦

抗拒改變是人的天性，因為在「改變」的路途上有許多未知，對於未知的情況容易讓人感到焦慮與不安，因此如果老公回應你，「我知道這樣不好啊，但我不知道要怎麼做？」、「那又怎麼樣呢？我不想讓我媽不開心！」、「我覺得壓力已經夠大、夠煩了，我不想再花力氣去應付我爸媽」……等。

如果老公出現上述回應，或許你會覺得他拒絕改變，不願意調整，但其實這也代表著，老公的內心有所焦慮與擔心，所以不想面對現實，因此如果你期待他能夠調整，則需要陪著他一起面對內心的焦慮，才能夠慢慢地往調整的路上前進。

可先幫助對方建立信心，讓他知道如果他願意，你會一步一步陪著他慢慢改變，陪著他一起面對，進而讓兩人的婚姻關係變得更好。讓他知道，你能夠理解改變的不容易，也理解要調整不是那麼快，但是只要他願意，你會陪他一起。讓老公知道，你能夠理解這過程的艱辛與不易，也不會要求他馬上就做到跟改變，畢竟要改變這件事，在他心中也會產生壓力，他也會擔心不符合你的期待。

如何幫助老公改變

1 與老公討論，並先設立好大目標與小目標。

2 讓老公先從感覺簡單又不具威脅的小改變開始。

3 改變需要循序漸進的調整，不要一次太快，大約兩三個月、兩三個月的微調。

4 在設定小目標後，每隔一段時間，就以小目標的達成狀態，去進行討論跟不斷調整。

5 當老公有做到時給予鼓勵，並讓他知道，當他為你這麼做時，你心裡的感覺。如果老公還沒做到，也別給他壓力，讓他知道，你能理解他的壓力也願意支持他。

6 持續往你們要的目標前進。

　　但若面對上述的各種方法，你的老公不願意調整，也不覺得這些事件會影響到雙方的婚姻關係，或是他回應你，「你忍耐一下就好了啊！」、「你嫁過來就要配合這裡的習慣，夫唱婦隨你不懂嗎？」那就代表著他不覺得有需要調整跟改變的地方，也不願意調整跟改變，此時你就須去思考，這樣的婚姻關係，是否要繼續忍耐下去，委屈自己呢？

你的老公不會讀心術

　　嘉慈與凱翔結婚多年，隨著結婚越久，嘉慈也累積了許多對凱翔的不滿，嘉慈期待凱翔在婚姻中可以理解他、照顧他的需求，主動為家務分擔，但是凱翔常常無法做到，也讓嘉慈常因此感到不開心。凱翔為了避免讓嘉慈不開心，在與嘉慈互動時總是小心翼翼；面對嘉慈時，常選擇沉默，因為害怕自己的回應讓嘉慈更生氣，但嘉慈卻因此感到更加不滿，凱翔覺得自己怎麼做都不對，也不懂嘉慈在不高興什麼，因為每次問嘉慈時，嘉慈就會說，你自己為什麼不好好想想？也因此讓兩人的關係越來越緊繃，越來越無法溝通。

　　「對老公有這麼多不滿，為什麼不跟他說呢？」我問嘉慈。

　　「他應該要知道啊，都在一起生活這麼久了，為什麼還要我說呢？」嘉慈說著。

　　於是我轉過頭問凱翔：「老婆對你的不滿，你知道嗎？」

　　「我知道他不高興，但是我常常不知道他為什麼不高興……。」凱翔小心謹慎地說著。

　　「看起來他並不知道耶？發生了什麼事，讓你選擇憋在心裡生氣，而不說出來呢？」我繼續問嘉慈。

　　「因為，我覺得說了，就變成我要來的，好像我在強迫他，為什麼他不能自己主動，多體貼、多用心，多想一點？」嘉慈說著。

聽聽心理師怎麼說

　　嘉慈與凱翔的狀態，也是在諮商室裡常遇見的，不少老婆都對老公有這樣的誤解，覺得老公可以理解，或是應該要理解，那些他沒有說出口的話，可能是需求，也可能是抱怨。大部分老婆會認為，兩人都在一起這麼久了，對方應該要理解他，或是那些他沒說出口的話，老公應該要能夠了然於心。

　　但若抱持這樣的想法跟你的老公或老婆互動，通常只會帶來悲劇，因為沒有人能讀出另一個人沒有說出口的話，也沒有一個人天生就有讀心術，即便身為心理師的我，如果你不願意說，其實我也不會知道你內心真實的想法跟感受，那你的另一半，更不可能因為你沒說出口，而知道你的想法和感受。

 ## 你沒說出口的話，沒有人會知道

　　那些你沒說出口的話，如果不說出來，只會讓彼此越來越缺乏溝通，帶著「我以為你會知道」的心情，但是偏偏對方就是不知道；心中開始出現無限的小劇場，覺得他應該要知道，但為什麼卻沒有照我期待的去做，也因此而埋怨對方，甚至累積負面情緒。

　　隨著類似事情不斷的發生，讓你開始覺得他就是不在乎你、不重視你的感受，久而久之，只要有類似的事件，你就會因此變得敏感、情緒反應變大，老公也會因你的反應而感到莫名其妙，甚至覺得你小題大作，因為你從未向他表達過你內心的感受，他也從來不知道。

　　這樣的互動模式對兩人的關係，一點幫助都沒有，老公也會因為你的情緒，而感到莫名其妙，或委屈，久而久之，老公也不會想要跟這樣的你靠近，那又怎能照顧到你的需要呢？

當你願意為自己說出口，才能讓老公知道你的需要與渴望，以及發現兩人相處上的問題。如果你不說，那些話只會放在心中，隨著時間一久，就會被埋沒，並隨著類似事件逐漸的疊加跟累積，最後讓你無力處理跟面對。

是什麼讓你擔心表達自己？

如果你擁有跟嘉慈相同的擔心，害怕說出自己的需要，不妨好好的思考，是否過去曾發生什麼事件，讓你採取不表達的模式與你的老公互動，當你能先釐清自己的狀態後，才能協助你面對自己，與跟老公的關係。

通常害怕表達自己的內在需求，可能有下列幾項原因

1 擔心被拒絕，而感到失落。
2 從小被教育，表達自己的需求是自私的。
3 沒有開口表達自己需求的習慣。
4 認為只要開口，就變成是自己要來的。
5 不想讓對方覺得被強迫 / 控制。
6 覺得對方應該要瞭解。
7 習慣忽略自己的需求。
8 擔心表達後會破壞關係。
9 擔心別人會如何看待自己。

當理解自己在關係中，選擇不表達背後的原因，然後呢？如果你還沒有準備好要採取行動，請試著先去覺察在每個與老公互動的過程中，自己不表達時，當下的感受與狀態。

或許因過往的應對模式，讓我們習慣在面對自己的需求時，採取不表達的模式，來處理關係中的期待及需要，有時候甚至變成自動化的反應模式，因而忽略了我們內心的感受與需要，甚至是讓自己不去感受。當我們能覺察到自己不表達背後的擔心，以及我們採取的行為是如何讓自己受困的後，我們才能夠累積足夠的力量，去採取不同的行動與選擇，並藉此調整自己面對老公的模式。

　　當你願意開始行動時，我們需要做的是，好好地面對自己的擔心，與其在自己腦海裡不斷的小劇場，或是自己一個人生悶氣，其實你可以跟你的老公好好聊一聊，但是你需要先整理好自己的情緒狀態，才不會影響到兩人的關係。

　　跟老公聊一聊、說一說你的感受，是因為你需要幫助他瞭解你，且當你在跟他表達你的擔心時，也讓你有機會，能進一步瞭解老公。當他聽到這些話時，他內在真實的想法是什麼？或許他會很樂意告訴你，他願不願意回應你的需要；或者他的困難是什麼；又或是哪些情況下他可以做到、哪些情況下他可能沒辦法……等。

 ## 沒有會讀心的伴侶，默契是需要在溝通互動中累積的

　　如果你今天沒有表達自己的需要，那你也不能責怪老公不願意給，因為你要為你自己的沒有說出口負責。

　　碰過不少在婚姻或伴侶關係中的一方問我，「是不是跟伴侶不合適？因為花了很多時間與另一半磨合，真的好累。有沒有那種完全知道彼此想法、感受，以及瞭解我的需要，可以跟我完全契合的人呢？是不是要去找那種人，自己才不會那麼辛苦？」

很遺憾的是，世界上沒有這種人。因為不可能有一個人跟你的想法、感受百分之百相同，也能百分之百理解你的需求，即便你能找到一個想法、感受跟你相似的人，但還是會有不相同的時候，重要的是，我們如何在這不同之中，彼此去學習與調整。

如果你期待能擁有心靈契合的伴侶，那你自己也需要努力，先清楚自己的狀態、想法、感受跟需要。因為你先瞭解自己之後，才能幫助對方來認識你，理解你。

世界上沒有人可以完全理解你，也沒有本來就存在的默契，所謂的讀心與默契，都需要透過兩人每一次的互動，在過程中逐漸累積跟形成，以及在每一次的互動中，如何幫助對方更加瞭解你。

再加上我們每個人，都是不斷地在改變，你今天的想法，跟昨天可能又不同了，而今天需要的、喜歡的，或許明天就不再需要、不再喜歡了。我們都可能如此多變了，老公又怎能時時刻刻地清楚我們的狀態呢？所以不要再抱怨你的老公不懂你了，因為只有你，才是那個能幫助他全面瞭解你的人，與其等待對方來瞭解你、讀懂你，不如從現在開始，試著慢慢改變，學習表達自己的需求，讓彼此更瞭解對方吧！

該不該偷看老公的手機

夫妻關係：不只是愛情，更重要是關係

「我偷看了老公的手機，我看到他常在我不在家時，去前女友家附近，但我不確定他是不是去找前女友，也因此，讓我內心有很多疑問，不知道他去那邊要做什麼？是不是去找前女友？會不會發生什麼我不知道的事情？也因為這件事情讓我心裡很不舒服，變得很沒有安全感，想要不斷地去確認他手機裡的資訊……。」文玲說著。

「對於你心裡的擔心，會想跟老公談談嗎？」我詢問著文玲，也想知道他如何去處理這件事。

「我怕他會生氣，因為我老公很討厭別人看他手機，他說就算是夫妻也要互相尊重，但是我是他老婆，為什麼不能看，看一下也還好吧？如果沒什麼的話，為什麼不讓我看？」文玲說著。

「那你希望透過看手機，得到什麼呢？」我問著。
「來確定他有沒有去找前女友呀。」文玲說著。
「如果真的是去找前女友了？」我問著。
「我也不知道……。」文玲低下頭洩氣地說著。

 聽聽心理師怎麼說

文玲的困擾，也存在於不少夫妻關係中，到底該不該偷看另一半的手機，如果這個猶豫出現在你的心底，不妨去思考，是什麼原因讓你想要看對方的手機？當看了另一半的手機後，滿足了你的什麼需求？

是因為看了手機後讓你放心，滿足了自己的安全感嗎？還是你打從心底就不相信另一半？你只是想要透過看對方的手機來解答你心中的疑惑？

在與伴侶的關係中，難免出現某些時刻，讓你感到不安，但在面對這個不安的感覺，彼此在過往的相處模式上，都是如何去面對跟解決的呢？面對這個不安全感，你是否會提出，讓對方知道，並跟對方討論，也讓對方知道你的感受？還是你選擇暗自猜測，搜尋蛛絲馬跡，來驗證自己的不安是否有道理？

當你開始思考該不該偷看老公的手機時，手機事件只是一個表徵，這代表著你與老公的關係，開始讓你感到不安，所以期待透過偷看老公的手機，來增加你的安全感，但卻不是去跟他談，你們兩人該如何給予彼此安全感，以及是什麼原因讓你跟老公的信任關係，出現了問題？發生了什麼事，讓你開始對老公的行為感到不信任？而面對這個不信任，你是否有採取一些挽救彼此關係的措施？

當不安全感影響了婚姻，該如何面對

在諮商室裡，碰過不少偷看另一半手機的老婆或是老公，許多人會說，因為我對他不信任，所以才要偷看他的手機，但當你這麼做時，對方萬一知道了，可能會生氣，因而讓兩人的關係變得更糟。

面對不信任或不安，最需要做的不是去找證據來驗證，幫助自己確定答案，因為若對他帶著不信任跟不安，你會有找不完的答案。所以你最需要的是，兩人好好的去溝通和面對，關係中哪些部分讓你感到不安與不信任的感覺，彼此去談、去面對這件事情，而不是讓偷看、猜測與懷疑，在兩人的關係中蔓延。

如果只是放任這些疑惑在關係中蔓延，而不去處理，它會慢慢地發酵，讓你在與伴侶的婚姻關係中，越來越疑神疑鬼，也會因此累積

婚姻關係中的負面情緒，進而破壞兩人的婚姻。

　　所以，別再遲疑了，如果想挽救兩人的關係，那麼就從坦承開始，和老公討論這件事情吧。因為當你開始談時，你才會知道，對方的態度是什麼、對方是否在意你的感受、對方是否願意為了婚姻關係，有所調整跟改變。

瞭解自己的不安全感

　　想要解決關係中的不安全感，首先要先清楚自己產生不安全感背後的原因，清楚自己，才能清楚問題、解決問題。

　　關於安全感，情緒取向治療（Emotionally Focused Therapy，簡稱 EFT）提出安全感與可及性、回應性、投入性三個元素有關。

1　可及性

伴侶是否讓你感到可以接近、靠近，當你想要找他時，可以找的到嗎？或是伴侶的行蹤，你知道到什麼程度，你才能放心？你想要伴侶的可及性程度，以及伴侶願意給的可及性程度，如何取得平衡，這是需要跟伴侶討論的。

以文玲為例，偷看老公手機這件事，就與可及性有關，老公的行蹤要交代到什麼程度，才會讓文玲放心，以及文玲想要透過看手機，更靠近、更清楚瞭解老公。

2　回應性

與伴侶的互動能得到回應嗎？你的需求伴侶能夠回應你嗎？伴侶的回應是你想要的嗎？伴侶該如何回應才符合你的需求跟期待？

或許當文玲跟老公坦承偷看手機之後，文玲期待能夠聽到老公的解釋，而老公是否願意回應文玲的疑惑，跟文玲解釋清楚；或是跟文玲說，你想太多？又或是責怪文玲看他的手機？這些都與安全感中的回應性有關。

3 投入性

對於關係的投入程度，伴侶有認真地在經營跟你的關係嗎？你在意的事，是否能得到伴侶的重視？

面對兩人的關係，文玲覺得老公該怎麼做，才能讓他感覺到安全感，文玲也需要能先釐清自己的感覺，才能夠表達清楚，並讓老公聽懂，最好能舉出具體的事件跟做法，才會有明確的方向跟目標。

因此在面對不安全感時，需要先找出你不安的來源，是哪個元素讓你產生不安，先看懂並釐清自己之後，才能夠幫助老公來看懂自己，再更進一步去看懂老公，並試著幫助老公看懂他自己，為兩人的關係，建立充滿安全感的親密的互動。所以如何清楚地表達自己的感受，以及讓對方聽懂你的感受，在關係中尤為重要。

 # 面對關係中的不安，從小地方開始解決

在婚姻關係裡，夫妻兩人對彼此的信任感與安全感，是穩固婚姻關係的重要前提，當兩人能夠也願意對彼此坦承，才有機會去梳理和解決關係中的難題；當可以把婚姻關係攤開來討論，關係中的不安與困惑，才有機會被提出來一起去面對與解決，也才能夠讓對方瞭解你在意的是什麼，以及哪些行為可能會引發你的不安。如果你們不溝通，對方也不會知道該如何避免，而你只會因為他持續出現的行為，讓你內心的痛苦與猜疑，日漸加深。

當感受到不安時，該如何跟伴侶開口

1 不要選擇忍耐或忽視，因為忍耐跟忽視對婚姻關係並沒有幫助。

2 不要害怕被評價，或是擔心對方覺得你小題大作。

3 不管這個不安有多微不足道，只要你感到不安或不舒服，就需要表達你的感受讓對方知道，這樣對方才有機會瞭解你，並為你的不安

做些什麼。如果你選擇不說，或是不斷說服自己：「是我太在意了」，「可能是我太小心眼」。這樣只會擴大你的不安全感及對對方的容忍度，甚至讓兩人的婚姻出現裂痕。

4　表達前先整理好自己的感受跟想法，在表達時，對方才能清楚你的感受跟想法，並聚焦在重點上。

5　當你表達完後，別忘了給對方澄清跟解釋的機會，並關心當他聽到你的表達時的感受。

6　最重要的是，針對讓你感到不安的行為，你需要跟對方說，你期待他怎麼做，並詢問他，關於你期待的，他能做到的調整是什麼。

7　找到兩人的共識，並在生活中去執行，再逐步做調整。

安全感是在每一次的互動中，逐漸累積建立的

關係中的安全感建立不易，破壞卻很簡單；安全感不會憑空存在，不安全感也不會莫名出現，尤其是當兩人的安全感不小心被破壞時，需要重新再建立起來，也需要兩人一起投入與經營。

透過上述的方法，在每一次的互動中，幫助你跟伴侶重建彼此間的安全感，並透過每一次的互動，讓安全感逐漸累積。而被破壞的安全感不會立刻恢復，需要有耐心，也需要清楚地讓伴侶知道，伴侶的哪些行為，會讓你的安全感被滿足，這樣伴侶才能有明確的目標跟方向，不會因為你沒搞清楚自己的期待，讓伴侶付出許多的努力，卻達不到你要的效果，反而消磨了兩人的情感。此外，你自己也需要重新去相信對方，不是只有其中一方在努力。

然而當上述你能做的都做了，伴侶卻不願意與你一起重建安全感時，你就需要去評估伴侶對於感情的投入程度，而自己該如何做調整與選擇，畢竟感情是需要兩個人投入的，孤掌難鳴，如果都只有你一人在付出跟調整，並不會將婚姻帶往好的方向走。

老公都不碰我怎麼辦

夏晴因為最近跟老公在性生活方面的不協調，引發夏晴對於兩人婚姻關係的擔心與猜疑，而讓夏晴來到了諮商室裡。

「心理師，我覺得我老公有外遇……。」夏晴聲音微弱地說著。

「發生了什麼事情，讓你這麼說呢？」我問著滿臉愁容的夏晴。

「因為他很久都不碰我了，一定是外面有其他的女人，他不愛我了，回家才都不碰我！」夏晴低著頭說。

「面對老公不碰你這件事，你心裡的疑惑，曾跟老公談談嗎？」我問夏晴。

「有啊，之前想要時，但是老公不想，我就問他為什麼，他說他很累……，但是這已經不止發生一、兩次了，如果一、兩次都這樣，我也可以理解。但已經連續三個多月了，也累太久了吧，他一定是外遇了。」夏晴說著。

「老公不碰你這件事情，是什麼原因讓你直接懷疑是外遇，而不是其他可能的原因呢？」我問夏晴。

「因為我在社團裡看到有些人也有類似的狀況，他們說老公不想要，通常是因為外遇，在外面給了其他人，回家才沒力氣給老婆，所以我想一定是這樣，他一定是外遇有別人了……。」夏晴說著說著，低頭流下了眼淚。

聽聽心理師怎麼說

　　性是我們每個人都會有的生理需求，就像我們都需要吃飯、睡覺的日常一樣，但性又會受到關係、情緒、情境、個人狀態等因素的影響，所以看似日常的生理需求，背後卻隱含著許多複雜的因素。

　　性在婚姻關係中，雖然不是婚姻的全部，但卻在婚姻中有著不可缺少的地位，也是反映夫妻目前關係狀態的指標；它不僅僅代表著生理上的需求，也反映著我們在關係當中，當彼此有所需求時，該如何被滿足，與滿足對方。

　　性對於每個人、每對夫妻，都有著各自所認為的意義，就像夏晴把老公是否願意碰他、是否願意與他做愛，作為老公是否愛他，以及對於婚姻忠誠度的指標。

　　然而在夫妻關係中，到底什麼樣的性頻率與性行為才是恰當的？很遺憾的是，這並沒有一個標準答案，但當兩個人對於性的期待與頻率，有著各自不同的需求時，就很容易造成性生活方面的不協調。所以瞭解夫妻間彼此對於性的期待模式與頻率，並去調整兩人間的差異，取得兩人可接受的最大值，才能找到適合夫妻間性互動的模式，那才是屬於你們這對夫妻獨一無二、共有的性關係。

 與伴侶談性

　　你曾開口與伴侶談性嗎？與伴侶談談你的性需求、性喜好，以及你期待的性頻率？關於你與伴侶間的性事，你們過往都是如何討論與調整的呢？會開誠布公地表達與討論嗎？還是你們之間，從來不會討論這樣的話題？都是默默的配合？對於對方的喜好與需求，也都是依自己的觀察去揣測？

在傳統的華人社會中，性被視為是很隱晦、私密的事情，因此大部分的人不太會去談性，也因為這不是我們習慣去談論與表達的話題，所以當在性的方面碰到困惑與困擾，需要向伴侶開口時，常因為沒有這樣的習慣，而讓人感到彆扭。

也因此常看到許多人，寧願選擇在互不相識的社團或在平台中提問，或許運用這樣的方式，能幫助我們解答對於性的困惑，但卻不一定符合夫妻間實際的狀況，進而增加了誤解。

然而性在婚姻中占了重要的一部分，如果我們不去談、不去討論，不就很弔詭嗎？既然性事對於婚姻那麼重要，我們就更需要在與伴侶之間，能更透明地去瞭解彼此在性事這方面的需求與感受。

對於案例中的夏晴來說，性是他去感受在婚姻中，伴侶對他的愛與忠誠的指標，但是他卻未曾向伴侶表達這一層面的感受與意義，絕大的一部分是用自己的臆測，來猜測伴侶的行為，卻也因此引發夏晴的擔憂與不安。因此解決婚姻間的性事，最重要的就是與伴侶好好地談性。

在與伴侶談性時，請記得以下三個重點

1 千萬別在進行性事時，跟對方說，你想要他怎麼做。因為他可能會冷下來。

2 與對方談論時，以我想要讓你更瞭解我為出發點，別讓對方有被指責的不好感受。

3 性事後，不用選在當下，可在之後給予對方一些回饋，來增進彼此的瞭解。

或許因過去沒有與伴侶談性的經驗，而讓我們一開始感到彆扭與不自在，這是很正常的，畢竟不是過往習慣的話題與互動模式。或許伴侶會對於我們開啟這個話題感到奇怪，因為這不是我們平時的作風，也或許伴侶內心想要與你討論很久了，而你的開口正好給了彼此更進一步交流的機會。

性在你的婚姻中，扮演著什麼樣的角色？

在深入探討性在你的婚姻中扮演著什麼樣的角色前，你是否曾思考過，性對於在婚姻中的你來說代表什麼？是兩個人的親密感？性需求的滿足？對於關係的安全感？被愛的感覺？被對方重視？增加你對自己的自信？與伴侶的可接近性？

我們需要先釐清性對自己代表的意義是什麼，這樣才能知道性如何影響著在婚姻關係中的你。當你對自己有足夠的瞭解時，才有機會幫助伴侶來瞭解你、瞭解性對於你的意義是什麼。而如果你也願意對伴侶保有更多的好奇，去瞭解性對於伴侶代表著什麼意義，在透過相互瞭解的過程中，也幫助夫妻增加婚姻相處的親密度。

性對你代表的意義是什麼？

1　思考性對你來說代表的意義是什麼？
2　當性被滿足時，如何影響你與伴侶的關係？
3　當性未被滿足時，如何影響你與伴侶的關係？
4　在性關係裡，你最重視的是什麼？
5　去思考你的伴侶會如何回答上面這些問題？

或許這些問題，你過去未曾思考過，只是覺得性對於婚姻關係很重要，所以不妨趁著現在，好好的對自己與伴侶，有更深刻的理解吧！

 ## 理解彼此的性需求與性滿足

除了瞭解性對於你跟伴侶代表著什麼意義之外，你也清楚知道自己與伴侶的性需求嗎？以及彼此在性事的過程中，什麼樣的方式能夠達到彼此的性滿足呢？夫妻在性需求和性滿足上的差異，雖不是影響婚姻的唯一因素，卻也占了一定的重要程度。

因此在解決夫妻間性事的差異時，需要先理解彼此在性事上各方面的需求，才能夠針對彼此間的差異，去進行調整。

關於性頻率

1　多久一次會讓你感到滿足？
2　多久一次會讓你覺得太多？
3　多久一次會讓你覺得不夠？
4　當伴侶想做愛時，你如何知道？
5　當你想做愛時，你如何讓伴侶知道？
6　關於做愛，彼此之間是否有一些暗號提醒？

關於性興奮與性滿足

1　在前戲時，你喜歡如何被對方觸摸？如何與對方肢體接觸？
2　在過程中，哪些方式能讓你滿足？
3　對方做了哪些事，會讓你感到掃興？

上述的問題，在我們清楚自己的狀態後，別忘了保有好奇去瞭解你的伴侶、與伴侶討論，當我們理解彼此的需要與想要時，在與對方從事性事的過程中，也在幫助我們進一步去增加彼此的親密感，以及在身體與情感上的連結。

沒有性不一定是外遇，但是也代表兩人的關係出了問題

當從未好好開口談性的雙方，在碰到性事的問題時，也會帶著過去面對性的模式在互動，久而久之，也會累積彼此對於關係的失望與失落，因為你不會知道，原來這樣的模式對方不喜歡，或是會讓對方

不舒服，因此久了之後，對於性這件事情，對方開始產生抗拒或逃避，又或是在過程中要努力地取悅你，但是自己並沒有得到足夠的愉悅感，讓他覺得很累，不如自己來。

當兩人間的性事出現變化時，是個對婚姻關係的提醒，需要整理彼此目前在婚姻中的關係與狀態，別等到兩人的關係，已經糟到無法挽救的地步時，才想著要如何補救，因為那時你將更傷力、傷時。

當兩人的關係變得緊繃或是出現裂痕時，會不想要與對方靠近，不想要有更進一步的肢體接觸。但卻不能代表，當對方不願意有更進一步的肢體接觸或是做愛時，就一定與兩人之間的關係有關。

不願意與你進行性事可能的原因如下

1　兩人關係的摩擦與緊繃。
2　壓力大而沒有心力。
3　因為家務、工作等事情而疲勞。
4　身體不適或精神狀況不佳。
5　性事上，少了新鮮感。
6　性需求得不到滿足，而提不起勁等狀況。

不管是哪種可能的原因，都需要你去與伴侶核對，而非妄自的揣測，當兩人能開誠布公地談論，才能真正的解決問題。如果一直放著不去處理，當性事的次數間隔越久，要再次開始進行時就會越困難，因為你會擔心，當你開口時會不會被拒絕？而因被拒絕時所引發的挫敗感、尷尬與失落感，也會降低你下次開口的意願。

或許過去未曾有機會，讓你能好好的與伴侶去討論性事，不妨趁著此刻，好好地敞開心胸，跨出去練習溝通，透過瞭解彼此間的性事，來增加兩人關係的親密度吧！

親子關係

Chapter 2

::: 老公成為神隊友訓練班 :::

偽單親怎麼辦

　　小月和老公長期分隔兩地，自己在台灣工作，老公在外地工作，因此當孩子出生後，育兒的事情就好像自然而然落在小月的身上，加上沒有公婆和爸媽幫忙帶，小月更覺得自己孤立無援，每當小孩生病，自己只能硬著頭皮向公司請假，日子久了，小月也累了，甚至覺得沒有老公好像也沒差別一樣，現在的日子跟單親沒什麼兩樣。

 ## 聽聽心理師怎麼說

　　孩子的出生，會讓原本的家庭生活產生巨大的改變，夫妻間多了父母的角色，除了增加責任和重擔外，當身分轉變成人父、人母的我們，該如何在過程中去調整與合作，是一個很大的挑戰，如果加上爸爸常在外地工作不在家，媽媽只能一肩扛起育兒的責任，需要承擔的壓力更是不可言喻；而有時就算另一半在身邊，卻什麼忙都幫不上，這情形也是令人難以忍受。上述狀況是我們常說的「偽單親」，明明有另一半，但養育的責任卻在其中一方身上，故面對這樣的狀況，該如何有智慧去面對和解決，是很重要的。

 ## 偽單親的原因

　　在現今忙碌的社會，其實偽單親狀況不算少數，一部分是因為工作的關係，不得不在外地；也有一部分是因為另一半本身的個性，或

是要為人父母心態還沒調整好，以下整理出偽單親的原因。

1 在外地工作。

2 工作忙碌或經常出差。

3 不知道怎麼幫忙。

4 不會和孩子相處。

5 依然故我，做自己。

6 覺得照顧孩子是女人的事。

　　然而並不是所有偽單親的狀態，都會讓人覺得疲累及心累，或是需要調整，因為有些伴侶如果是在外地工作，或經常出差等不可抗力的因素，不一定能調整，所以有些老婆不一定會因此覺得難以忍受，通常最讓人難以忍受的是，你覺得許多的事情都是你在付出，彼此付出與接受的關係失衡了，而讓我們內心感到不平衡。

 ## 夫妻能做些什麼

　　偽單親如同上述，有各種不同的原因，但無論如何能好好協調溝通才是最重要的事，而要如何找出夫妻間的共識、家庭中的平衡，讓生活可以好好運作，以下作法提供參考。

1 多談心，彼此互相理解和支持

育兒生活忙碌，但夫妻間好好聊聊天、談談心是很重要的，特別在這段辛苦的日子。因有時在忙碌中很難看見對方的付出，只專注於自己的犧牲，這對婚姻經營是很危險的，此時找個時間，坐下來聊天談心，讓彼此互相理解，讓彼此聽見並看見對方為家庭的付出，也讓彼此知道自己對這個家的重要性，一起為未來共同努力。

2 討論育兒方式和時間

偽單親的原因有時是被迫，例如：老公在外地工作，如果條件許可下，建議老婆帶著小孩一起過去，夫妻倆人共同面對和承擔育兒的酸甜苦辣，一同分擔和成長，因為在過程中，有些是需要時間去學習的，例如：不知道怎麼幫忙或不會和孩子相處，這都需要增進自己的育兒知

識和臨場磨練，而比較上手的另一半也要耐心教導，兩人才能共同成長和學習。如果另一半是比較自我，或覺得照顧小孩是女人的責任等，觀念及行為上有差異的話，一時之間很難改變他，但也不要放棄希望，記得時常提醒對方，愛和陪伴對孩子的重要。

3 讓另一半有參與感

不管另一半有沒有在身邊，育兒是大家的事情，所以要時常安排工作任務，讓對方有參與感。可以先從小事開始，最後再讓對方有育兒的成就感，對方自然而然就能慢慢投入。而就算另一半不在身邊，也要時常分享孩子的照片和視訊，讓對方知道自己是被需要的，是很重要的事。

4 找回你的平衡感

跟伴侶談談你的不平衡，如果偽單親是目前無法改變的狀態，我們就要嘗試接受現狀，但你可以思考的是，如果伴侶願意在其他生活面向付出，他做些什麼，你會感覺好一些？可和伴侶好好討論，找到彼此能夠為對方做，為家庭付出的其他部分。

 ## 主要照顧者要先自我照顧

如果偽單親的狀況能馬上改變是再好不過的事，但事實是改變都需要一段時間，長時間處在偽單親的狀況，會對身心靈造成很大的影響，雖然我們必須花精神和時間在照顧孩子上，但別忘了回頭關心自己，讓自己健康開心，才能更好地照顧孩子，以下幾點提供參考。

1 找時間吃飯、睡覺

餵孩子吃飯時，自己多少也要吃一些，以保持能量；孩子睡覺休息時，狀況允許的話，也跟著孩子睡一會，一起休息，儲備自己的體能，因孩子一醒來，又是無限的餵奶、換尿布等循環。

2 給自己獨處時間

每天忙於孩子，有時可能會忙到暈頭轉向，忘記自己是誰，建議每個

禮拜撥出時間給自己，小孩可以請另一半，或找臨托保母、育兒中心等，讓自己可以出門逛逛自己喜歡的店，或約好朋友一起出去走走，讓自己換個地方和心情，之後再回過頭來照顧小孩時，會有不一樣的動力和能量。

3 加入育兒群組

自己面對及照顧幼年孩子是很孤獨的事，有時甚至是很痛苦的，所以找到跟你一樣在育兒的媽媽，互相傾訴並給予支持，分享自己的難處後，多少能減輕痛苦，因為那會讓自己發現，其實自己不孤單。而有些過來人媽媽會分享自己的心路歷程和育兒知識，也會讓自己有所成長。

4 適時說出困難

其實我們身邊有很多人和資源可以幫忙，例如：社會局和家庭關懷機構等，但如果只是把遇到的困難放在心中，身邊的人很難提供即時的協助，所以可以試著說出自己的難處、接受他人的幫助，以度過這一段孩子最需要照顧的辛苦時光，等自己變成過來人，就能幫助更多的人。

5 多鼓勵自己

照顧小孩已經很辛苦，若身為偽單親更是不容易，所以請放下對自己的批評，因為盡力照顧小孩就是非常棒的事，多給自己鼓勵，並正向面對，也告訴自己，孩子終究會長大，這段辛苦的時間一定會過去。

6 預先想好緊急事件的應對策略

如果孩子發燒，自己在上班怎麼辦？三更半夜孩子生病，要怎麼看醫生？可以事先和鄰居或朋友說好，或是請同事代班，並先把可能需要用到的物品、健保卡和換洗衣物等準備好。

照顧年幼的孩子已經非常辛苦，偽單親更是不容易，有時甚至會感到很無助。所以在這段時間要好好照顧自己，適時並有智慧地和另一半溝通、討論，溝通後再勇敢行動做出改變，不管是選擇維持現狀；或者決定自己出去工作，換另一半照顧小孩；還是把孩子托給保母或托嬰中心等，找出對自己和家庭最適合的方式，不怨懟、不埋怨，讓家庭中的成員都能好好生活，好好愛著！

當快樂壞媽媽，
孩子媽媽更健康

親子關係：老公成為神隊友訓練班

　　如意是位新手媽媽，也期待自己可以當個好媽媽，因此在孩子出生後，就全心全意照顧他的小寶貝，每天兩、三個小時親餵外，也堅持所有洗屁股、哄睡和洗澡都要親自上陣。但第一次當媽媽的如意，常常會出一些差錯，往往都會讓如意自責不已，認為自己不是好媽媽，甚至沒有資格當媽媽，這些狀況讓老公看了很是心疼，想接手照顧孩子，但如意卻斷然拒絕，認為自己帶才是最好，所以繼續努力撐下去。

　　日子一天一天過去，如意產後體重竟比懷孕前更低，身上還長一些紅斑疹子，到醫院看醫生，醫生找不到原因，只能請如意好好休息，然而照顧新生兒幾乎 24 小時都無法鬆懈，瑣瑣碎碎、林林總總數十件事情，自己真的找不到休息的時間，加上如意凡事要求完美主義，這都讓自己處在緊繃狀態。

　　在持續緊繃的狀況下，如意身上的紅斑越來越多，不得不住院治療，這讓如意十分崩潰，不能照顧小孩、自己又生病，他常常吵著要趕快出院，老公無奈之下，只好求助醫生，醫生則建議安排心理師會談，於是如意來到了諮商室裡。

 聽聽心理師怎麼說

　　當成為媽媽那一刻起，有時不只是別人覺得你理當擁有母愛，甚

至自己也會覺得為孩子犧牲是天經地義的事情，特別是當孩子還小時，周遭和自己內心的聲音越是明顯，好像需要放棄自我、拋開需求才能成為好媽媽。

然而真的是如此嗎？臨床上看到許多為孩子鞠躬盡瘁的媽媽，有時不只是犧牲自己的理想和夢想，甚至也耗掉自己的身體健康，試想當媽媽變成一位沒有理想與夢想，甚至失去朝氣的媽媽，身為孩子的我們會有什麼感覺？如果剛好又碰到愛抱怨的媽媽的話，雖然抱怨可能只是媽媽抒壓的方式，其實心底還是非常愛孩子，還是會願意為孩子做很多事情，但年幼的孩子，還沒成熟到能分辨出媽媽的話哪些只是說說、哪些又是認真？所以敏感且年幼的孩子只會照單全收，最後得到的結論是：「因為我的存在，讓媽媽如此不開心，我是不值得被愛和被珍視的生命。」另一方面如果是耗掉身體健康的媽媽，又該如何看到孩子漸漸長大且成熟的那天呢？

所以不論如何，身為媽媽的我們一定要先照顧好自己，才能好好照顧孩子，有時當位快樂壞媽媽，不是真的當一位壞媽媽，這裡的「壞」指的是不一定要過度犧牲，例如：不一定要寶寶吃飽，自己才吃飯等，其實都有彈性調整的可能，只要你輕鬆自在又有愛，相信孩子在這樣的氛圍成長茁壯，心理是可以安心又健康的。試想若從小，你看到你的媽媽，當媽媽當的這麼苦情哀愁，長大後會怎麼想？你會怎麼看待媽媽這個角色？這樣的你還會想當媽媽嗎？所以如何當一位快樂壞媽媽，我們一起來討論吧！

放下完美，包容做不到

每個人都是第一次當父母，都在學習和成長，但面對小小且稚嫩的生命，總是希望自己能無微不至地照顧孩子，然而這樣完美的要求，

常常不知不覺把自己繃得像拉緊的橡皮筋，讓自己處在一個即將崩潰的邊緣，但別忘了，照顧小孩不是一天兩天的事，是好幾十年，甚至一輩子的事，所以過程中要不時提醒自己需要放下完美，和包容自己做不到的部分。

例如：當孩子哭泣、生病或受傷時，因覺得沒有完美好好照顧孩子時，開始自責，甚至懷疑自己是否是好媽媽的我們，該怎麼辦呢？

1 深深吸一口氣，放慢自己的情緒、行為、想法，觀察孩子的狀況。

2 評估孩子的需求，是哪裡不舒服？是肚子餓，還是生病等。

3 解決孩子的需求。

4 告訴自己這些都是寶寶成長的必經過程，媽媽能做的，就是好好陪伴寶寶，跟寶寶一同面對成長。

5 寶寶哭泣，是因為還不能用語言表達的說話方式，不要被哭聲影響情緒，這只是他的語言。

6 告訴自己做得很好。

7 理解和原諒自己做不到的部分，重新學習，或請其他人代勞，也沒關係，你一樣是位好媽媽。

 ## 好好照顧自己，才有能力照顧孩子

每個媽媽都是人，都有自己的極限，雖然說人體有自己調節和適應的系統，例如：半夜兩三個小時起來餵奶，我們的睡眠會被切得很片段，但相對身體的機制會讓你更快進入深層睡眠，好讓我們隔天有體力繼續照顧孩子，然而此機制也因每個人的個體差異，而有不同的耐受程度，所以媽媽們還是需要去傾聽自己的生理，甚至是心理的聲音，才能更身心平衡、穩定地照顧孩子。我們可以做的事如下。

生理部分

1 覺察身體的狀況？

⇒ 例如：疲累、長痘痘、生理期失調……等生理狀況。

2 針對觀察狀況，做出對應的行為

⇒ 例如：多休息、多睡覺、尋求醫生的協助等，照顧自己的身體。

3 和你的身體說聲「謝謝」和「對不起」

當身體出現不舒服時，其實是在提醒你，你需要花些時間好好地照顧它，謝謝它陪伴你，去承擔媽媽的角色，但也別忘了，好好地跟它道歉，並提醒自己，下次會多留意身體的狀態，好好照顧它。

心理部分

1 問問自己還好嗎？有什麼感覺？

⇒ 例如：煩躁？無助？沮喪？……等，覺察自己當下的心情。

2 針對觀察狀況，做出對應的行為

⇒ 例如：煩躁時，試著讓自己獨處，喘一口氣，做些讓自己開心的事情；無助時，試著向你信任的人，例如：身分也是媽媽或是有養育小孩經驗的朋友聊聊，談談心；感到沮喪時，或許可以想想，做什麼事情可以讓自己的心情好一點，去做讓自己有成就感，或開心的事情。

3 鼓勵自己

⇒ 例如：提醒自己小孩會長大，這些都是過程，會越來越好的；鼓勵自己，已經盡我們所能，自己做得很棒了！

時時刻刻關注自己的身心狀況，並適時放鬆和調整，這並非是媽媽對自己的奢侈，而是媽媽本來就應該抱持的態度，因為唯有身心維持健康，我們才更有力量照顧孩子。所以不管是自己喜歡運動，還是看書、追劇，再忙、再累還是要給自己一點時間休息，當然不是要媽媽們熬夜，犧牲睡眠損害健康，這樣反而本末倒置，是要在付出和自我給予中取得身心的平衡，讓我們可以更穩定面對育兒時的挫折；並在一次次的調整中，更能自信擔任媽媽這個角色。所以讓我們一起當個快樂壞媽媽，相信孩子和自己都能自在、健康。

孩子相處重質不重量

親子關係：老公成為神隊友訓練班

　　琦琦是位全職媽媽，工作非常忙碌，老公也不遑多讓，常常需要加班。回家後不只需要照顧小孩，家裡還有很多家務需要處理，老公雖然會一起做家事，但事情多到夫妻倆常常忙到半夜，想陪孩子好好遊戲、好好說話時，孩子不是已經睡著，就是想睡了，這讓琦琦內心十分煎熬，好像顧了工作就顧不了小孩、顧了小孩就顧不了工作，這也讓內疚、自責、悔恨的情緒快要將琦琦淹沒，無處可發洩的琦琦，就變成常因為小事和老公吵架，夫妻關係緊張、親子關係也受影響，這樣的狀態也使原先想好好陪伴和經營親子關係的初衷，逐漸遠離。

 ## 聽聽心理師怎麼說

　　在物價、房價皆高的時代，很多家庭必須是雙薪才能負擔家中的經濟；也有些父母是為了自我實現而持續工作，但不管是什麼狀態，上天很公平，一天就是 24 小時，在固定的時間裡要怎麼安排規劃？或用什麼態度和心情去面對，這就是我們可以掌握的。但人們常易陷在抱怨和指責中虛度光陰，忘了起身面對，說不定會發現事情沒有想像中這麼困難，就像琦琦因工作和家務，時間有限，如果又花時間在爭吵和怨懟中，豈不是太可惜？所以如何創造好品質的陪伴，才是最重要的事。

先照顧好自己，聽聽自己想要什麼

　　孩子出生後，彷彿每一分、每一秒都在被追趕著，不管是被孩子追趕、被家庭追趕、被工作追趕，或被責任追趕等，時間常常在混亂中流逝，只要一停下來，就有很多複雜的情緒和想法湧上心頭，讓自己心亂如麻。而為了逃避這些混亂的感受，大部分人會讓自己暫時沉浸在手機或社群軟體中，但其實這都只是延遲面對問題，孩子依然無法如自己期待的好好陪伴，時間也在不知不覺中消失，又讓自己陷入忙碌的惡性循環中，無法脫離。所以請在生活中容許自己有可以暫時喘口氣的時間，放下身邊所有會讓你分心的人事物，一個人獨處，並誠實問問自己以下問題。

1　想要怎麼樣的生活？
　　⇒ **例如**：家人可以好好溝通、互相支持，或好好認真努力工作。

2　你的優先順序？排出工作、夫妻、親子、家庭、健康等生活中的優先順序。

3　調整自己的生活。依據上述的優先順序，幫自己安排一天，甚至一週的時間規劃。

4　和另一半討論溝通。找出雙方的共識，以及如何互相協調。

5　想要如何陪伴孩子？在能力範圍內好好陪伴孩了。

 ## 什麼是好質量的陪伴

　　當做好時間規劃，你會發現，其實人生中不是只有孩子，夫妻關係、健康等環節也是很重要，但另一半如果是以工作為重，夫妻倆的溝通和協調是關鍵，陪伴孩子的時間雖然不多，但可以提升陪孩子的質量，讓孩子仍可以感受到父母給予的愛和溫暖，至於如何提升陪伴孩子的質量？以下說明。

1 人在心也在

簡單來說就是專心，專心和孩子在一起，會讓孩子覺得自己很重要，被尊重、被愛，很多父母以為邊忙工作或邊滑手機，只要孩子在自己身邊，就算是陪伴，但孩子是敏銳的，在他心中可能會認為自己不如工作或手機。

2 設立專屬親子時間

專屬親子時間可以是睡前的故事時間，或是孩子下課後的公園散步時間，一個專屬於孩子的時間和空間，親子間相互陪伴，時間不用長，五到十分鐘，或半小時，都能給親子關係好好充電。

3 以孩子為主，做他有興趣的事情

⇒ **例如**：孩子想要讀故事書，就不要強迫孩子算數或讀英文，做孩子有興趣的事情，更可以樂在其中。

4 看見孩子需求，並適時回應

陪伴的過程中須注意孩子的需求，不管他是累了或是無聊，都要適時地詢問孩子想法，以及照顧孩子的感受，可以讓孩子覺得備受重視和關愛。

5 不批評、不教育

在陪伴孩子的時間中盡量不批評、不教育，專心傾聽陪伴，讓孩子更自在享受這段親子關係。

而如何提升照顧孩子的質量？則須父母的自我照顧和狀態覺察，一個筋疲力盡的大人很難再分享愛給孩子，或是小時候有心理創傷、不被家人善待等童年，更易將過去的經歷和情緒再一次帶入和孩子的相處中。所以就算生活忙碌，也須給自己一小段獨處的時光，好好善待自己、問問自己的感受、能為自己做些什麼？才能有力氣照顧家人，例如：在下班後，覺察並感受自己的情緒，是否因某個案子不順而煩悶；此時你能為自己做些什麼呢？是買罐清涼的啤酒，還是到家門前大吼一聲？找一個簡單照顧自己的儀式，試著把壞心情放在屋外，帶著不一樣的狀態進入屋內，享受家人的笑容，度過溫暖的家庭時光吧。

該把孩子交給婆婆帶嗎？

親子關係：老公成為神隊友訓練班

玲玲是一位有想法的女性，目前懷胎八個月，已計畫生完孩子後，跟公司請一年的育嬰假，且打算將小孩送去他朋友推薦的保母家，一切看似完整的計畫，卻在婆婆得知後開始有些變動，因為婆婆覺得自己和公公身體健康，又有時間，為何不把小孩交給他們照顧？省了一筆錢，也不用擔心可能會被虐待。玲玲跟婆家關係雖然不錯，但也沒有完全理解他們的生活習慣、價值觀等，所以也不知道他們帶小孩的方式，所以玲玲一直沒有答應，而老公則是覺得都可以，玲玲決定就好。這讓玲玲感到十分煩惱，不知道怎麼下決定，才能兩全其美。

聽聽心理師怎麼說

一個新生命的降臨，大家都會充滿著歡喜和期待，也會想要提供自己覺得最好的照顧方式給小孩，但若大家都覺得自己的方式最好，就會很難取得共識，原本期待新生命的喜悅，可能就被爭吵所取代。所以小孩到來後出現的價值觀差異，就需要更多方面溝通，特別是孩子主要照顧者的我們，更需要有智慧地幫助孩子找到適合的環境。其實不管是婆婆的擔心，還是玲玲的想法，都沒有對錯，也沒有絕對的標準答案，重點是我們怎麼評估和思考，以及怎麼找到對孩子好，又不破壞關係的方式。

婆婆想帶孫的立場

　　小孩雖然很可愛，但其實照顧小孩很耗費體力和精神，小孩無理取鬧時，更是辛苦不堪，所以有些公婆一開始，就告訴自己的孩子不帶孫，他們已經沒有體力等，這其實是很好的自我表白，也是他們愛自己的方式，做為子女要為爸媽能這麼說感到開心，他們辛苦這麼久，終於可以好好做自己、好好休息。有些公婆不說明白，不想帶孫子又不好意思拒絕，結果讓雙方都不開心，反而將關係陷入僵局，但要如何看出公婆是想帶孩子的呢？以下列出。

1 喜歡跟小孩玩。

2 彌補過去沒有太多時間陪伴孩子的遺憾。

3 沒有生活重心，需要成就感，讓自己覺得人生還有希望。

4 想分擔子女養育孩子的辛苦。

5 怕別人帶，會虐待小孩。

6 習慣了，大家都這麼做。

7 不想孩子跟媳婦太親。

8 看不慣媳婦帶孩子的方式。

整理夫妻倆的育兒想法

　　推測婆婆想帶孩子的心理，最重要是理解自己和另一半帶小孩的理念，有些人在乎早期教育，有些人在乎飲食健康；而有些人只要寶寶開心快樂。在清楚明白自己和另一半的育兒理念後，其次才去思考是否要給婆婆帶，除了婆婆帶可以節省金錢和預防被虐待的可能等，也要考慮婆婆的體力狀況和是否會過度寵溺孫子等，最重要是婆婆帶的方式是否可以和夫妻的育兒理念相符合，如果符合，且雙方又溝通順利，兩邊雙贏何樂不為，但如果評估後覺得送托嬰或保母等比較放心，夫妻倆一定要有共識，一起婉拒婆婆的好意，以下幾點可以參考。

1 同理婆婆的好意

　　⇒ **例如**：我們知道您的好意。

2　站在婆婆角度思考

　　⇒ **例如**：但新生兒一天餵奶、換尿布等要好幾次，擔心您體力受不了。

3　說出夫妻倆的共同決定

　　⇒ **例如**：我們決定送托嬰。

4　解決婆婆的擔心

　　⇒ **例如**：托嬰中心有監視器，不用擔心被虐待。

5　留些彈性給婆婆

　　⇒ **例如**：想看孩子隨時先跟我們說，歡迎來看孩子。

 ## 適時說出心裡話

　　不管最後是否給婆婆帶，常常溝通並適時說出真心話，讓雙方能互相理解和調整是很重要的事，你會發現，其實存在於家中的怨懟和仇恨，在一開始只是小誤會或不舒服，但在經年累月下，逐漸讓小裂痕變成大鴻溝，而下面介紹薩提爾家族治療技術裡的天氣報告，讓彼此在平時聊天時有個方向，也讓彼此距離更靠近，更能增加家庭凝聚力，彼此互相幫忙，一起走下去。（為清楚說明，以下各舉三個例子，A 婆婆幫忙帶小孩 B 一開始就沒有給婆婆帶 C 原本給婆婆帶，但後來想送給托嬰中心。）

◆ **感激**

　情境 **A1**　謝謝婆婆的用心。

　情境 **B1**　謝謝婆婆平時對孩子的關心。

　情境 **C1**　謝謝婆婆的用心。

◆ **擔憂**

　情境 **A2**　擔心婆婆體力不堪負荷。

| 情境 B2 | 擔心婆婆每天都來看小孩會不會太累。 |
| 情境 C2 | 擔心婆婆體力不堪負荷。 |

◆ 抱怨和建議

情境 A3	婆婆太認真照顧孩子,飯都不吃,下次自己先吃,孩子餓一下沒關係。
情境 B3	傍晚來看孩子,有時會玩得太開心不吃飯,週末再帶孩子去找您,好好玩。
情境 C3	孩子紅屁股很不舒服,我們找專業的來帶。

◆ 新的資訊

情境 A4	我有幫婆婆訂餐,您就不用煮飯又要照顧小孩,太辛苦。
情境 B4	我們買輛車,去看您更方便。
情境 C4	我們找了幾家托嬰中心,感覺很不錯。

◆ 希望與期待

情境 A5	一起好好照顧孩子,讓孩子能健康、快樂長大。
情境 B5	一起好好照顧孩子,讓孩子能健康、快樂長大。
情境 C5	一起好好照顧孩子,讓孩子能健康、快樂長大。

　　婆婆想幫忙帶孩子,是以好意為出發點,所以不管最後有沒有給婆婆帶,也別忘記婆婆原本的初心,要懷著感謝的心情進行溝通,有時會有意想不到的結果。但當然也不是給婆婆帶後,就永遠要給婆婆帶,而給托嬰中心保母帶亦是,因為帶孩子是滾動式的調整,所以能符合夫妻倆的育兒理念最為重要,可隨時並調整找到適合孩子的成長環境。但有些婆婆會有比較特別的行為,例如:會和孩子說你的壞話、刻意不讓孩子跟你親近等,這些你都要保持警覺,該劃出界限時,請勇敢挺身而出,畢竟孩子成長只有一次,而你和另一半才是孩子最重要的守護者。

如何和老公
一起成為神隊友

親子關係：老公成為神隊友訓練班

　　自從美祺生孩子後，覺得育兒的壓力都落在自己身上，老公常常一副事不關己的樣子，在旁邊滑手機、看電視，至於換尿布、餵奶等有關孩子的事情，都要說了才做，喊了才動，而自己總是無止盡的忙東忙西，好像照顧寶寶和整理家裡都是美祺的責任一樣。感覺自己已經蛻變成媽媽，但是老公卻還是原本的自己，這讓美祺十分失望。

 聽聽心理師怎麼說

　　面對新生兒的降臨，夫妻間有很多新的體驗和挑戰，這都是雙方要一起努力和改變的，在過程中需要不斷地溝通和站在對方的角度思考，不管是老公需要站在老婆的角度體會，想像在生產過程中，對老婆造成的身心靈衝擊，以及老婆多麼需要老公協助；或是老婆需要站在老公的立場去思考，孩子出生後，老公想幫忙卻又不知從何做起的心情。因為雙方能互相理解和體諒是必要的一件事，如果彼此還是以自己的感受為主，只是看見自己犧牲和委屈的那一面，不願意嘗試改變，這樣不只會傷害夫妻關係，也會傷害到孩子。

爸爸為何總是慢一拍

　　女人懷胎十月，每天都感受到肚子裡的寶寶一點一滴的長大，女人用身心靈在體會著這個小小生命的來到，擔心自己吃了什麼東西會影響到寶寶，只要寶寶有任何一個動作，都會關心寶寶怎麼了？女人跟肚子裡的寶寶就像有心電感應般，可以直接感受到彼此的存在；而男人從一開始就好像在電視外看戲的人，男人生活大部分沒有變動，他還是他自己，過著差不多的生活、做著原本的工作。所以在寶寶出生那刻，可能會讓男人一時間難以轉換成爸爸的角色，而媽媽在知道懷孕的那刻起，早已經是媽媽，若我們從一開始就能讓爸爸慢慢進入狀況，就能讓雙方漸漸調整為即將成為人父、人母的心情，以下為媽媽可以幫助爸爸慢慢進入狀況的方式。

1　產檢陪同。

2　一起胎教。

3　討論育兒用品。

4　一起在腦海中繪製，未來有寶寶的生活想像圖。

5　一起思考有什麼事情是生產前想做的。

怎麼邀請老公

　　若上述的方式老公有做到，相信他會慢慢進入狀況，若沒有也別灰心，就直接邀請老公行動吧，因為男人連結左右腦的胼胝體比女人薄百分之十，連結點也比女人少百分之三十，所以男人通常一次只能做一件事情，但女人卻可以同一時間做很多事情，而當媽媽忙得七葷八素，老公卻只是在旁滑手機或看電視等，任誰看到這一幕都會大發脾氣吧。

　　但發完脾氣，然後呢，問題依然存在，家事就是這麼多需要做、孩子就是這麼小需要被照顧，雖然情緒多少有宣洩出來，但卻可能造成更大的戰爭，突然一言不和、相互謾罵，或是大打出手、摔東西，

然後再進入無止盡的爭吵、冷戰。最後可能變成，既沒有好好照顧小孩，也沒有完成家務，甚至引發更大的家庭戰爭，吵到最後什麼也沒有，還兩敗俱傷。相信大家都不樂見，所以聰明的我們，就好好說出自己的想要，好好溝通讓彼此清楚，你可以試試這麼做。

1 有需要就說出口。

2 提前做家事分配。

3 不能馬上做請回話。

4 創造夫妻溝通時間。

 ## 老婆也要是神隊友

　　媽媽可能因為先天和後天關係，在照顧小孩上，大多比老公上手，但請不要忘記，自己背後還有老公默默支持，請帶著他或等等他，讓彼此能一同往育兒的路上前進，有以下方法可以操作。

1 **任務明確**：讓老公知道自己能做些什麼事情，越具體、越清楚越好。
　⇒ **例如**：幫孩子穿紅色的包屁衣。

2 **示範教學**：老公不懂的地方，老婆可以先示範，讓老公能進入狀況。
　⇒ **例如**：先幫寶寶穿衣服給老公看。

3 **降低標準**：一開始老公可能幫孩子穿得不太好，但請不要過度苛責，甚至降低自己的標準，畢竟老公才剛開始學，當然無法馬上上手。

4 **讚美老公**：讚美會讓人有成就感，更會讓人有動力去完成事情。
　⇒ **例如**：尿布包得真好，都不會側漏。

5 **情緒穩定**：照顧孩子很辛苦，所以適時透透氣、抒發情緒，讓自己情緒穩定，不只能緩和夫妻關係，在照顧小孩上，也是加分喔。

6 **多給老公和孩子獨處時間**：相信老公有能力獨自照顧小孩，這樣不只能加溫父子關係，老婆也能好好放鬆、休息一下。

老公更升級

爸爸除了照顧小孩，也別忘了你最愛的女人，你的理解、疼愛和體貼，能讓因為生小孩身材變形，身體疲累或心靈受創的女人，重拾自信和勇氣，去面對未知的育兒路，以下幾點供老公參考，可以試著向老婆表達你的愛。

1 體貼、稱讚老婆

生孩子對女人來說是面對身心靈的大轉變，不只身體會遭受巨大的疼痛、身材會改變，就連生活、工作也會先暫停，過去因既有的條件所建立的自我價值感會產生衝擊，所以老公適時地讚美，會讓老婆在育兒路上更有信心。

2 給老婆休息時間

半夜起床擠奶、餵奶，在長時間睡眠不足的狀況下，都有可能讓人崩潰，所以老公適時接手照顧小孩，並提醒老婆須放鬆休息，是很重要的事。

3 主動做家事

家事是家庭成員共同的事情，但此時老婆在照顧小孩，常已經分身乏術，所以老公能多做、就多做，讓家裡還是能維持日常生活，也是讓大家保持平穩心情的方式。

面對新生命的到來，大家都很辛苦，但有時越在意自己的辛苦，辛苦反而會加倍，所以轉個彎，跳出來照顧自己，哭一哭、叫一叫，或空出時間做運動、或參加聚會，只要能抒壓且不傷害自己，並讓自己氣血順暢，都是可以轉化心情的方式，之後再跟你身邊最愛的人，互相體諒、支持、成長，成為彼此的神隊友。你會發現，這段時間雖苦，但小孩終有一天會長大，當時光流逝，夫妻一起回頭看時，那些過往會是多麼深刻呢？

該全職帶孩子嗎？

親子關係：老公成為神隊友訓練班

　　茜茜在外商公司工作，薪水十分優渥，但在即將升職時，得知自己懷孕了，雖然懷孕這件事來的有點突然，讓茜茜有點措手不及，但身為現代新女性的他，非常篤定自己還是會繼續從事自己熱愛的工作，另一方面老公也是十分支持，所以茜茜認為懷孕對職涯沒有太大的影響。

　　時間推移，孩子順利出生，茜茜在休了兩個月的產假後回到職場，升職、加薪一切看似幸福美好，不過茜茜總覺得自己放下孩子回到職場有些自私，心裡總是過意不去，加上身邊總是有個聲音在告訴自己，孩子三歲前很重要等等，讓他總覺得芒刺在背。在一次孩子生病發燒後，茜茜毅然決然放下剛升職的位置，並請了兩年的育嬰假，開始專心且全職在家裡帶小孩，希望給孩子最好的教養環境。

　　隨著茜茜的全職媽媽生活一天天過去，茜茜的笑容也一天天消失，帶孩子的壓力常讓自己喘不過氣，許多的怨氣和委屈無處抒發，只能向自己身邊最親愛的人宣洩，但此時老公和家人都會露出納悶且狐疑的表情說：「當初不是你自己選擇的嗎，不然就回去工作，不要這麼辛苦，快樂媽媽才有快樂孩子」等等的話。這都讓茜茜十分無力和突然不理解自己在堅持什麼，怨氣越是累積，和家人的關係也越是緊張，就在這樣的負向循環中，連茜茜也開始懷疑自己真的該全職帶孩子嗎？

聽聽心理師怎麼說

從職場轉換到全職媽媽，其實也是一個很大的轉職過程，從自己幾年來熟悉上手的領域，到一個你全然未知的方向，挫折和挑戰一波波襲來，回頭看自己在職場中的游刃有餘，更是會讓自己心裡不平衡，茜茜在公司是幾百人在聽他指示，但當了全職媽媽後，世界好像只剩他和小孩，這中間的落差和失落，是需要被家人和被自己理解和看見的。

 ## 想想剛進職場的自己是怎麼走過來的

還記得自己剛進職場的心情嗎？有懷疑過自己是否能力不足嗎？擔心沒有成就感？害怕不被周遭的人認可？回憶當時的心情，是否想到心頭也為之一震，希望千萬不要重來？因為凡事起步難，當時也是非常辛苦的，由全職婦女轉換成全職媽媽的感覺，就會重新來過一次，且涉及的層面更廣，包含職場擔心自己能否勝任工作、公司的人能不能認可自己等，但身為媽媽，要擔心的不只是家人認不認可，左右鄰居陌生人都可能來參一腳，甚至對於自己能否勝任也是十分懷疑，因為從小到大沒有一個學科教我們怎麼當媽媽，所以當媽媽更需要給自己時間和空間去適應和摸索，絕非當了媽媽自然就會，這些都是需要學習和成長的。

不妨回想剛進職場時，自己是怎麼走過來的，同樣也再次幫助自己適應成為全職媽媽的新領域，是你不屈不撓的精神？還是你擅長找答案的毅力？這些都是自己非常寶貴的資源和特質，請你持續發揚光大，而一般來說一個新的工作需要三個月漸漸瞭解，三年才會上手，所以也不要過度苛責自己，每天進步一點點，會發現自己越來越好的。

建立全職媽媽的信心

帶孩子的技巧都可以學習，但「心理」這關其實最難，必須誠實問問自己，對你來說全職媽媽的意義是什麼？很多女性看著媽媽輩的女人們，因著家庭放下了自己的夢想，帶著遺憾終老的意象極為深刻，這樣的腳本也在自己的心中揮之不去，有的人排斥當全職媽媽、有的人則害怕婚姻。而當全職媽媽一定要拋下自己的夢想嗎？其實不然，但需要面對，更需要規劃，若活在自己無法言喻的恐懼中不去面對，就會像茜茜有種莫名的排斥感，而人對於不舒服的感受下意識逃避、不去面對，也會使未知的恐懼越來越大，但當茜茜後來進入諮商，慢慢看見自己是被原生家庭所影響，練習分辨為家庭放下夢想，是父母那一年代的狀況，自己可以有不一樣的選擇，就算原生家庭和公婆家給再多的壓力，你也可以拉出界限來保護自己，照著自己的人生規劃一點一滴的累積實現，而你會發現離自己夢想越來越近。

安頓焦慮小技巧

1 當焦慮不安時，試著按下身上虛擬的暫停鍵，回到此時此刻。
2 辨識讓你焦慮的感覺和想法，並拉出一個距離看看自己的感覺和想法。
3 問問自己能為自己做些什麼，讓自己好受一點。
   ⇒ 例如：找人聊聊、出去走走。

 ## 回到職場與否不影響當個好媽媽

釐清自己身為全職媽媽的心情和想法後，若依然覺得自己志在職場，那就回到職場吧，其實回到職場不影響你當個好媽媽，重要的是

那份愛孩子的心，那份愛不是一定要在家裡當全職媽媽才是愛，勉強自己的結果，可能會產生怨懟和不平的心理，累積久了，對自己和家人的身心靈，其實都是負擔和壓力。

 ## 該全職帶孩子嗎

該全職帶孩子嗎？或許可以先問問自己以下的問題。

1 為了這份愛，我是否願意為了孩子面對真實自己？
2 什麼才是對孩子的愛呢？
3 自己想要成為怎樣的媽媽？
4 我可以怎麼照顧好自己，也能好好愛孩子？

這些問題看似簡單的幾句話，但每一個問題都是十分值得去深思、需要花心力及時間去探索，自己可能一時之間還沒有確切答案，但其實在思考的過程中，你的心裡已經慢慢靠近你的理想生活，所以也一定可以真實又充滿愛地教養孩子。

與老公的教養態度
不同怎麼辦

親子關係：老公成為神隊友訓練班

　　莎莎在教養上認為孩子能健康快樂，就是自己最大的願望，所以其他枝微末節的事情，他其實不是很在意，覺得凡事抓一個大方向，不要太誇張、放縱就好，然而老公的態度不是如此；他認為孩子的紀律要從小開始，小時候沒來得及教導，長大後就沒機會了，這樣不同教養路線的夫妻，常常會有很多的挫折，甚至是爭執。而這次是在決定孩子是否要去上雙語幼兒園的事情上，有了激烈的衝突，莎莎想找的是沒有太多學習課程的學校，只要讓孩子好好遊戲、玩樂就好，但老公覺得早期教育很重要，一定要趁小時候接觸外語，贏在起跑點，這讓雙方吵得沒完沒了，因此決定來到諮商室求助。

 ## 聽聽心理師怎麼說

　　父母教養態度不同是很正常的事，且有時更是南轅北轍，如果沒有好好互相溝通、理解，彼此間的摩擦會越來越大，最後不管是誰屈就誰，或是嘴巴上說同意，但心裡根本沒有接受，孩子其實都感受得到，他們會覺得很混亂，不知道要聽誰的，內心也會因此而感到十分焦慮，甚至會覺得不管怎麼做都是錯的。這些對於孩子的發展都有很大的影響。

孩子讓我們看到彼此的差異

在心理學中我們發現，兩個人會在一起，大部分是因被彼此不同的特質吸引，但日子一久，當時具有吸引力的特質，好像就沒有當初來的令人心動。

例如：當初自己是被另一半的成熟穩重所吸引，但在一起久了，原本的優點可能在你需要跟對方好好對話時，變成覺得對方很木訥、無聊，成為人們常說的：「因相異而相愛，因瞭解而分開」。但如果兩人決定要一起步入婚姻、一起孕育生命，相信在這過程之中，彼此一定經過許多的考驗與關卡，才能來到這裡。

但雙方的差異依舊存在，原本過去可以互相尊重和包容的部分，隨著孩子的出生、養育責任變重，需要互相合作幫忙的比重也增多，此時，對彼此的包容度也降低了，這時兩人的差異就會被放大及凸顯出來。而怎麼藉由溝通、一起磨合，讓關係更進一步成長，以避免讓關係惡化，是很重要的事。

 ## 如何去找到教養的共識

雙方從不同原生家庭和生活經驗中成長，也造就我們不同的個性，雖然對於孩子的教養態度不盡相同，但回到教養的初衷，都是彼此對於孩子的愛，只是兩個人的方法不同，所以導致夫妻倆常在方法中互相較勁，本末倒置。我們在爭執中忘了，若以「愛」為出發點去討論，要如何從中找到彼此的共識，我們可從莎莎和老公的案例來看，該如何進行好的溝通討論。

1 **我要的**：對孩子的教養，莎莎在意的是什麼？
   ⇒ **例如**：莎莎覺得孩子健康快樂最重要，不需要刻意學什麼東西，自然發展最好。

2 **你要的**：對於孩子的教養，莎莎的老公在意的是什麼？

⇒ **例如**：莎莎的老公希望孩子可以從小接觸外語，不會像他過去讀外語那樣辛苦。

3 **我們共同要的**：找到彼此的共同目標。

⇒ **例如**：莎莎和老公都是出於對孩子的愛，希望把自己認為最好的給孩子。

4 **我們共同討論**：找出彼此的可以妥協和彈性調整的部分。

⇒ **例如**：夫妻先一起參觀各家幼兒園，篩選出較能符合莎莎的健康快樂，以及老公的早期接觸外語的期待。

5 **我們共同決定**：一起做出決定，共同努力。

⇒ **例如**：在下決定的過程中，可能無法完美符合兩個人的期待，有時需要彼此各退一步，找出雙方都能接受的結果，共同努力。

 # 夫妻教養態度一致的好處

上述的過程看似只有五步驟，但其實是需要彼此不斷練習和溝通的，清楚知道自己和彼此要的是什麼？為的是什麼？彼此互相傾聽、理解，不批評和論斷對方，因為我們都知道，彼此都是愛孩子，所以為了孩子，找出夫妻雙方一致認同的解決辦法，可避免讓孩子變成父母的夾心餅乾，在混亂和挫折中，覺得都是自己的錯，而父母的一致會帶給孩子莫大的好處如下。

1 **有安全感**

知道父母就算意見不合，甚至爭吵，家庭關係都是安全的，不會因家中有衝突而感到莫大的不安，或擔心失去父母。

2 **感到信任**

對父母的言行是信任的，進而對其他人際關係，也可以嘗試信任。

3 學習溝通

讓孩子學習到，在面對人際的衝突和差異時，不用過度擔心害怕，好好溝通即可。

4 對自己是誠實的

更真實、更接納自己。

5 表達自己

說出自己的情緒和想法。

6 自我價值感高

知道自己是獨一無二的，珍視自己，也能珍視他人。

其實因教養態度不同而產生的認知差異，某部分也反應了夫妻間的溝通問題和模式，只是藉由孩子的事件反應現狀，這讓我們有機會回頭重新檢視婚姻關係，並進行調整和成長，讓彼此關係更緊密。雖然這中間會有挑戰，因需要不斷地溝通，甚至爭吵都是正常的，但不要忘記彼此在一起的初衷，且隨著孩子進入不同的成長階段，都是需要透過不斷調整與討論，在過程中努力協調，找到雙方共識，再運用適合彼此的方式改變，是最為重要的一件事，也能讓孩子在你們的愛和教養中，充滿幸福感和安全感。

跟孩子一同成長

親子關係：老公成為神隊友訓練班

　　如庭生完孩子後，常常覺得身心俱疲，特別是自己睡眠不足，孩子又哭鬧不停時，內心都會有個聲音跳出來說：「憑什麼我要包容寶寶的任性和哭鬧？想到我當小孩時，一哭鬧就被打，一調皮就會被禁足，為何我現在要這麼放縱寶寶？」如庭一時間壓抑不了內心複雜的情緒，就對著孩子胡亂大罵，但其實孩子不到滿週歲也聽不懂，而孩子的反應是先是愣住，後開始大哭不止，此時如庭生氣的情緒轉變成自責，覺得自己怎麼可以對這麼小的寶寶發脾氣，但過了一陣子如庭又感到疲憊，內心的委屈再度升起。而如庭每天就在委屈、憤怒和自責中不斷拉扯，一下很生氣罵孩子，一下又把孩子抱在懷中說對不起，如庭覺得自己每天都過得好混亂，不知怎麼辦才好。

 聽聽心理師怎麼說

　　養育孩子時，不只承受生理的巨大衝擊和內分泌的突然改變，在心理方面，某種程度也是在重新度過自己的童年，不管是好或不好的經驗，我們會在不知不覺中重複父母過去對我們的養育方式，這些熟悉但不一定適合現代教養孩子的方法。父母過去的教養方式，甚至可能有帶給我們或多或少的心靈創傷，而此時的我們如果能好好自我覺察，留下過去父母美好的教養方式，調整不適宜的，一方面可以提供孩子更好的成長環境，另一方面也是讓我們可以療癒過去，成為更好的大人。

覺察在帶孩子的感覺和想法

　　生養孩子其實是一件中性的事情，但多數人們在形容時，大多是辛苦，甚至要犧牲自己的某些東西，加上成長過程中，家人對待孩子的態度，這些都會潛移默化並影響自己對於生養孩子的看法，甚至複製了上一代的模式，或別人眼中生養小孩的行為和感受，而自己不自知。因為人很容易模仿並學習，特別是對父母常會有不理性的聯想，例如：父母照顧孩子這麼痛苦，自己也要一樣痛苦，才不會背叛父母；或是乾脆不要生小孩。這些例子看起來很不理性，但其實常發生在你我周圍，如果不覺察每個家庭的特徵，就會不斷一代一代地傳下去，所以該如何讓自己過得更自在，請從覺察帶孩子的每分每秒的感受開始，以下有六個思考方向和兩個例子供大家參考。

◆ 孩子有狀況，先覺察自己做了什麼？有什麼感覺？

情境 A1　孩子不吃某樣東西，自己罵了孩子。

情境 B1　孩子哭時，自己覺得很煩躁。

◆ 思考感覺和行為是從哪裡來的？

情境 A2　過去也被罵挑食，所以覺得均衡飲食很重要。

情境 B2　過去一哭都會被罵。

◆ 這樣的信念對自己有影響嗎？

情境 A3　讓自己對青椒感到很恐懼，甚至看到青椒就會想到跟媽媽不好的回憶。

情境 B3　過去自己不被允許哭泣，常常覺得很壓抑。

◆ 想要帶給孩子一樣的經驗嗎？

情境 A4　不想。

情境 B4　不想。

◆ 可以怎麼調整呢？

> 情境 A5　青椒的營養，用別的蔬菜替代。

> 情境 B5　允許孩子好好哭泣。

◆ 回過頭來照顧過去的自己

> 情境 A6　理解過去媽媽的苦心，和自己一樣，但現在可以用不同方式
> 對待孩子。

> 情境 B6　好好允許自己哭泣，不要過度壓抑。

好好當孩子，才能好好當大人

　　在諮商中發現，很多人在成長的過程被迫快速長大，學習著不該是原本年齡的知識，表現出幾乎是成人的情緒反應，在某種程度上，其實壓抑了孩子的成長。有些人在上大學後，比較可以不受控制，或者在婚戀關係中才被釋放出來，產生的行為可能是退化成小孩，或者是無理由發脾氣。這些行為有可能是因過去沒有好好當過小孩、好好玩樂、好好跟自己的情緒相處，並一起成長，這些是急著長大的印記。所以當自己有了孩子，也許是個契機，讓你可以重新當小孩，一起玩樂、一起開心，感受單純美好的世界，找回自己的初心，而在玩的過程中需要帶有以下態度。

1　好奇心

放下自己既有想法，多運用開放式問句和孩子溝通。

⇒ **例如：**怎麼想的？這個要如何玩？

2　多傾聽、不批評

不強加意見在孩子身上，多聽、多觀察孩子。

3　一起投入，用心感受

當下就專注和孩子在一起。

4 放下大人世界的規矩

讓孩子主導，在安全無虞下，不過度限制怎麼玩，孩子會更有創造力。

 ## 一起和孩子築夢吧

有人說有了孩子就很難實現自己的夢想，在某種程度上，沒錯，但孩子的出現，其實也打開自己的另一扇窗，說不定這扇窗的背後有著更大的禮物，讓自己的夢想轉個彎，也許會更精采也不一定。

有父母分享，出社會這麼久，早已對生活麻木；但有了孩子的生活每天都是驚喜，看著孩子每天的進步和成長，好像心又活過來一樣。你呢？你的夢想是什麼？有了孩子後有什麼不同呢？

帶孩子的過程，就像再一次經歷成長，回頭去療癒過去受挫的自己，讓自己更好地向前行，成為更自在、更好的我們。當然這個過程並不輕鬆，覺察並看見自己的每個狀態是很難的事，而從與孩子的互動中，再回頭審視自己更是不容易，那需要有很大的決心和勇氣，決心為孩子創造不一樣的生活，有勇氣面對並填補過去的坑坑疤疤，和孩子一起成長，並創造更美好、更有趣的生活，讓自己重新愛上人生，創造屬於自己的夢想。

是不是不該
在孩子面前吵架呢？

親子關係：老公成為神隊友訓練班

　　婉婷和老公原本感情很好，很少為了事情吵架，但孩子出生後，出現很多需要溝通和協調的事情，也使彼此間的摩擦越來越多，常常不小心就發生爭吵，開始你一言我一語，甚至互相丟東西的局面。有一次夫妻倆為了忘記丟垃圾這件事，開始有些肢體動作時，孩子突然尖叫撞牆，讓夫妻倆嚇到立刻停止動作。經過這件事後讓夫妻倆開始思考，是不是不該在孩子面前吵架，但有時候真的會忍不住，很難不在孩子面前吵架，這該怎麼辦？

 ## 聽聽心理師怎麼說

　　心理學中提到，父母關係是給孩子最好的禮物，因為父母關係是孩子接觸到的第一個人際關係，孩子每天在日常生活中學習模仿，進而形成自己的人際模式，用來面對未來的所有關係，大部分父母都很盡力避免在孩子面前爭吵，但是在吵架時，本來就很難理智面對，常常知道應該要好好溝通，但有時因對方的一個動作或一句言語，可能就讓自己瞬間爆發，也無法顧及孩子就在旁邊。

在孩子面前爭吵與否

其實吵架也是種溝通，在孩子面前爭吵與否，取決於我們吵架的品質，若能好好吵架溝通，其實就算聲音比較大、氣氛比較嚴肅，都是讓孩子學習在生活中，不會完全順遂，也是需要調整和適應。且夫妻吵架很重要的是：要讓孩子明白爭吵不是因為他們，而是爸媽自己的問題。因為有時孩子還小，心理狀態還處在以自我為中心裡，所以會覺得凡事都跟自己有關，也會覺得是自己害爸媽吵架，若孩子長時間承受這樣的愧疚感，除了會覺得自己很差勁外，還會降低自我價值感，覺得自己出生在這個世界沒有價值，所以吵架時，要避免把孩子牽扯進來，並且和孩子解釋這是爸媽的事情，給我們時間會好好處理等。另外有品質的吵架，過程中請避免以下幾點。

1 肢體暴力。　　　　　3 遷怒孩子。
2 人身攻擊。　　　　　4 要孩子選邊。

 ## 沒辦法在孩子面前不吵架怎麼辦

若在孩子面前吵架，可以在孩子面前說明我們現在的狀況，讓他們可以瞭解，我們會怎麼溝通，而不是讓孩子被不安和未知等恐懼充滿內心，雖然孩子可能會聽不太懂，但從我們的態度和解釋中，就能讓孩子知道我們在乎他的感受，也就能讓孩子免於不安全感中。

而在夫妻雙方都平和後，可以再次和孩子說明吵架的原因和現在的狀況，一方面確認孩子狀態，另一方面則再次讓孩子理解，吵架是父母自己的事情，以免讓孩子覺得都是自己的問題，造成父母感情不好。

而如果在吵架過程中有之前提過的，需要避免的狀況發生，也請父母勇於承認錯誤，告知需要改進的地方，也可以請孩子一起來擔任

糾察員，讓家庭往更好的氣氛發展，而你的行為也是在幫助孩子，學習在未來如何面對過錯，讓自己成為更好的人。

那要如何和孩子說明吵架呢？可以參考以下步驟。

1　用同理方式說出孩子的情緒

剛剛爸爸媽媽吵架，你很害怕。

2　說出原因

爸爸媽媽吵架是因為……。

3　告知

強調跟孩子沒有關係。

4　爸媽目前狀況

和好了，讓孩子知道；還沒和好，也如實告知孩子。

5　未來展望

未來如何避免吵架，或者還沒和好，會怎麼去努力，例如：繼續溝通等。

6　照顧孩子的感受

問問孩子有什麼感覺或想說的呢？

 # 在幼年孩子面前吵架怎麼辦

有時孩子太小，無法用言語清楚溝通，但是孩子感受的到吵架的氣氛，有些小小孩感受到吵架的壓力，雖然嘴巴不會表達，但可能會用肢體語言呈現，例如：當場定住不動哭泣、或晚上睡不好等，有些

孩子甚至會不知原因的身體不舒服，但是到醫院就是找不出原因，這是屬於心理學所提到的身心病，由心理去影響生理的狀況。

因此當我們在幼年孩子面前吵架時，我們能做的事，如下。

1 多多擁抱。
2 辦家家酒，來解釋爸爸媽媽的現況。
3 關於吵架的繪本故事。
（藉由遊戲和繪本故事讓孩子瞭解吵架是什麼）

孩子就像一張白紙，家庭中的一言一語，和他所經歷的一切都會刻劃在孩子的心裡。我們不可能完全不吵架，因為人本來就不完美，接受這樣的不完美，我們才是完整的人，而這樣面對吵架的態度，也是在幫助孩子學習，不用成為完美、好好面對吵架、好好面對挫折，最後找出自己的路，成為自己就好。

有情緒很正常

小婷在孕期和生產後，常常不自覺留下眼淚，多時一天數次、少時一天一次，哭到眼睛紅腫，可能是受賀爾蒙影響，也可能受自己的擔心所致，總之小婷自己也不知道自己怎麼了。而身旁的長輩看到了總會對小婷說，這樣哭，孩子也會被你影響；甚至還說孩子會被小婷哭沒了。聽到這些話，更是讓小婷緊張到止不住淚水。

文文懷孕 35 週，即將迎接寶寶的出生，而隨著越接近預產期，文文越是緊張萬分，一下子擔心胎位不正、一下子害怕會不會臍帶繞頸，聽說什麼或從網路上看到什麼，文文心情就跟著忽上忽下，但相較於文文的緊張，文文的老公顯得悠哉自在，他覺得根本就是文文想太多，每當文文開始焦慮，文文的老公就只會隨口說聲不要想太多，然後就繼續做他的事情。這讓文文很抓狂，情緒更是不穩定，覺得自己的擔心沒有被老公瞭解。

阿強常被稱為是沒有情緒的人，因為在他的世界裡，認為情緒是沒有用的，事情要怎麼解決才是重要的事。但隨著年紀越來越大，他發現自己久久會有一次情緒大爆炸，突然從原本的紳士，變成脾氣暴躁的人，這讓他和自己的另一半都很困擾，且他自己很不喜歡這樣的自己，認為有情緒是不好的。

聽聽心理師怎麼說

身而為人，我們有情緒是很自然的事，因為情緒讓我們是有血有淚的人，且能體驗生命中的悲歡喜樂，讓我們活得更多彩多姿。所以你知道嗎？情緒是有功用的，如果它沒有用處的話，在演化的過程中，就不會被保留下來。情緒其實是種提醒，協助我們去覺察自己，在意的是什麼？是什麼讓我們感到不舒服？以及幫助我們避開危險等。

但有時我們稱為的負面情緒，會壓到人喘不過去而想逃離，或是把情緒壓在內心，甚至好希望自己沒有情緒，這樣就不會感受到痛苦、焦慮、擔心和害怕等，然而情緒不是說逃離就能逃離、說壓抑就會不見，相反的，你越逃離、越壓抑，那些累積的情緒有時會如同海嘯般將我們淹沒，有時可能會讓人生不如死，甚至做出自己意想不到的事情，所以該如何和情緒好好共處，甚至讓情緒成為我們的好夥伴，陪我們走過人生歲月，讓生命更豐富和精采呢？

 ## 情緒沒有對錯

其實不管是正面、負面情緒，都沒有是非對錯，情緒都是自然而然流動出來的，甚至是提醒我們自己，目前在身上所發生的事情，這些都需要注意和關心，讓自己成為更好的人。

只是對於所謂的負面情緒，從心理和社會的傳統角度來說，要真實好好去看見和接納，其實有一定的難度。從心理方面來看，我們會直覺地害怕負面情緒，擔心自己沒有辦法承受，而旁人看我們有負面情緒時，通常是不知所措，常常會告訴我們沒關係、沒什麼好擔心的、會過去的……等等，好像都在訴說著情緒是不好的東西。在社會傳統價值觀中認為，男兒有淚不輕彈，有情緒只會礙事、處理情緒不如處理事情……等，也都讓人對所謂負面情緒敬而遠之，甚至退避三舍。

我們對於負面情緒和訊息會特別留意，甚至會有過度反應，而這是什麼原因呢？那是我們在演化的過程中，所保存下來的結果。想像當你生存在十萬年前的原始世界裡，到處都蠻荒不堪、危機四處，為了活下去，你不得不留意各式的負面訊息，想像可能發生的危險情形，小心謹慎，以便能夠好好活下去。然而在文明世界的快速發展下，生活已變得安全許多，但情緒的作用仍被保存在基因裡，提醒我們在生活中可能面對的各式狀況。

情緒來臨時

過去緊張、恐懼、擔心等情緒利於我們的生存，但若過度，可能會變成病症，所以該如何在情緒尚未被放大至無限上綱前，我們能好好覺察，以及回應自己的情緒就很重要。

你是否有過這樣的經驗，可能是身邊的朋友或家人，已經氣得臉紅脖子粗，旁邊的人跟他說：「你不要生氣」，對方的反應卻是：「我沒有生氣」。或者當自己陷入一個很受傷的狀態，例如：被家人誤會，或者被伴侶出軌，自己明明很受傷、很難過，但卻用生氣或憤怒的方式回應，而使對方看不見我們的受傷跟難過。因此當情緒來臨時，我們該怎麼辦呢？

1 先讓自己冷靜下來

⇒ **例如：**深呼吸或者輕捏自己的手，讓自己可以慢下來，回到自己身上。

2 詢問自己的感覺

⇒ **例如：**現在的自己是什麼感覺？生氣？受傷？難過？

3 評估自己的狀態

⇒ **例如：**如果以一到十分，一是平和、十是激動，自己的情緒現在是幾分？

4 現在的分數狀態,是自己可以控制的嗎?

⇒ **例如:**如果自己知道的情緒,在過去超過六分就沒辦法控制,即可以這個六分為標準點。

5 判斷下一步的策略

⇒ **例如:**如果情緒還可以控制,可以選擇留在現場;如果情緒不能控制,則先暫停或離開,讓自己可以冷靜或宣洩一下。

6 找到可以讓自己冷靜或情緒宣洩的方式

⇒ **例如:**找出當自己情緒來臨時,用什麼方式可以讓自己把情緒宣洩出來,例如:捶枕頭、大吼、運動、離開現場等,其他不傷害自己或他人的方式來宣洩情緒。

7 告知對方狀況

⇒ **例如:**我們現在先暫停,等我冷靜十分鐘。或是跟對方討論一個暗號,讓對方知道當你打這個暗號時,代表需要緩和一下,因為有時在情緒裡,我們很難說出:「讓我冷靜」這樣的話。

建議平時要讓對方知道自己在面對情緒時的緩和模式,如果等到爭吵或不愉快時,才表示需要上述冷靜或暫停的模式,通常會有一定的困難度。

8 回應自己的情緒

⇒ **例如:**被伴侶誤會很生氣難過時,自己評估此時此刻沒有辦法當面說清楚,所以決定用寫信方式和伴侶溝通。

以上步驟能協助我們在情緒剛被引發時,可以即時覺察情緒的存在,不讓情緒在不知不覺中控制我們,而是我們可以很清醒地看見情緒,並和它共處,選擇自己想要的方式回應情緒。

 ## 情緒需要理解才能消融

有些情緒是需要更深層的理解才能消融,而有些情緒是從早年經驗累積而來。長大的我們,直到現在,依然背著這樣的情緒痛苦不堪,

例如：小時候因為爸媽忙於工作，常感受到孤單難過，覺得沒有人愛自己。

以至於長大後，只要伴侶忙於其他事情，而忽略自己時，現在的孤單難過，就會被過去小時候，沒有被看見和療癒的孤單難過所加成，導致自己無法接受伴侶忙於其他的事情，無法關心自己的狀況，進而使自己陷入情緒漩渦中，和自己打架，也和另一半爭吵。這怎麼辦呢？以下我們來思考。

1 覺察

覺察自己的情緒，是生氣？難過？還是痛苦？並覺察這些情緒的來源。

⇒ **例如**：老公忙他自己的事，無法顧及我，我很生氣和難過，但其實老公都有事先跟我說，我覺察自己的情緒是來自於小時候常常一個人在家，覺得孤單寂寞而引發情緒的反應。

2 承認

承認自己有情緒，和過去情緒如何影響自己。

⇒ **例如**：我承認當時的我很受傷，我不知道該怎麼辦，導致現在我有類似的情緒，容易變得很慌張，患得患失。

3 接受

自己能否接受自己有這樣的情緒，或理解過去小時候的狀況？

⇒ **例如**：長大工作的我回頭看，更能體會當初父母賺錢的辛勞，他們不是故意忽略我，而是真的生活不易。

4 提醒

如果自己還不能接受，請回到第一步覺察的部分，覺察看看是什麼原因讓自己不能接受，再一步步往下走。

5 改變

現在的我可以做些什麼改變，讓自己從過去的情緒中走出來呢？

⇒ **例如**：當我感到孤單寂寞時，我可以告訴自己那是過去的情緒，現在的我有能力可以好好陪伴自己，以及面對眼前發生的狀況。

6 感謝

感謝自己可以做出改變，讓自己成為更自在的人。

⇒ **例如**：謝謝自己有勇氣面對及覺察過去，並承認接受改變，讓自己成為更好的自己。

情緒其實是我們人生中非常重要的夥伴，情緒常比我們自己，還更先覺察到我們怎麼了，所以傾聽、陪伴、理解自己的情緒，你將會更瞭解你自己，以及自己真實的感受、內心真正的想法。

做自己情緒的主人，看見情緒、覺察情緒，不壓抑、不逃避，以及對身邊的人，練習說出自己的感覺和需求，幫助對方更瞭解你，相互支持而有更真實美好的關係。

空巢期來臨

親子關係：老公成為神隊友訓練班

　　小雲今年 46 歲，是個全職家庭主婦，三個小孩陸續離開家，上了大學後，原先每天忙碌的生活步調，也慢了下來。一方面竊喜自己的好日子終於要來了，可以去做自己喜歡的事情，也可以和好姊妹約下午茶。

　　但另一方面也有說不出的空虛感，好像心中某一塊被抽走了，覺得心裡悶悶的，很多事情提不起勁，每每想到離家的小孩，就會不由自主地落下眼淚，很想念孩子們，但又怕自己的問候造成他們的困擾，所以只能手機不離身，期待孩子主動打電話過來。然而小雲這樣的狀況，讓小雲的老公看了很是擔心，所以帶著小雲進到諮商室。

 ## 聽聽心理師怎麼說

　　孩子從嬰兒期需要無微不致的照顧，到慢慢長大，進入幼兒園、小學、中學、高中和大學，這是因為愛而不斷學習放手的過程。看著孩子慢慢成長，從原本一直討抱抱的可愛小嬰兒，到多說一句就會厭煩的帥氣青少年，直到最後準備好要離家的剛成熟成年人，這中間的過程，其實每一個階段都是關卡，父母和孩子都是需要調整和改變。

只是空巢期之所以會如此凸顯和清晰，主要是因為，孩子是真正離開家、追求自己的新生活，身為父母，尤其是孩子的主要照顧者，會非常有感，因為原本在生活中花費最多精神和時間的事情，突然間停止，讓多了很多時間和空間的自己，在一時之間找不到可以安放自己的位置。

面對空巢期是要慢慢預備的

　　其實從孩子出生到慢慢長大，在每個階段都需要我們進行調整，有時候因為孩子，我們會做一些選擇，讓自己能更好的陪伴和養育孩子，然而有時過度地付出，會變成一種犧牲，而這個犧牲會讓人的心裡感到不平衡。

　　當孩子符合自己期待時，會覺得自己的犧牲很有意義；但當孩子不符合自己期待時，會覺得自己犧牲的很沒有價值。每天的心情都隨著孩子的狀況搖擺，孩子也會產生不得不達成你期待的壓力，漸漸成為一種病態的共生，互相拉扯著，你沒有辦法成為你自己，孩子也沒有辦法成為理想中的自己。

　　所以當空巢期來臨，孩子不在自己的視線範圍內，深怕自己的犧牲會付之一炬，那種焦慮和恐懼更是如排山倒海而來。那如何不過度犧牲，但又能好好對孩子及付出愛呢？

1 照顧自己

　　有時候我們會先以孩子的需求為主，例如：先把孩子餵飽，自己再吃飯，但殊不知孩子常常不領情，自己餓著肚子還要先照顧對方，此時不妨就先照顧好自己，自己吃飽再來餵孩子，孩子也不會晚吃幾分鐘就餓昏頭，說不定食慾還更佳。

除了實質上照顧自己，也不要忘記照顧自己的心靈，時常問問自己的感受，是開心？難過？還是生氣？可以為自己的感受做些什麼事情，讓自己更自在舒服。

2 不用覺得愧疚

當我們在照顧自己時，總有些人喜歡提供意見或是批評，說什麼母親為孩子犧牲本是天經地義，或者說母愛是天生等，這些話語有時會像針扎住自己，讓自己動彈不得，不得不走上母愛是犧牲的老路。

但就像前面提到，過度犧牲不見得是好事，真正的愛是你好、我也好，我好好照顧自己，也才能好好照顧孩子，所以不用覺得愧疚，站穩自己的立場和原則，我們都愛孩子，只是我們選擇不一樣的方法。

3 保有自己的興趣和初衷

孩子還小時，真的需要他人 24 小時的貼身照顧，此時的我們不管多熱愛舞蹈、音樂或是其他，在這個階段確實不得不先暫停，但還好此階段有一天會過去，孩子終究會上學，所以千萬不要忘記自己的興趣和初衷，保有當時的朋友，偶爾聊聊偶爾回憶，孩子漸漸大了就有時間，也讓自己慢慢找回並擁抱自己的熱情。

向孩子坦承軟弱。孩子的需要總是接二連三，我們會想盡可能滿足孩子的方法，然而父母也是人，也有力所不能及，或是筋疲力盡時，那就好好向孩子坦承，讓孩子知道我們也是人，也有軟弱、也有疲勞，父母不是萬能，但我們會努力，孩子也會從我們身上學習，人不一定要全能才值得被愛，而能使他更真實地做自己。

 ## 我是誰？我要什麼？我的自我價值是什麼？

空巢期讓人難以接受的原因，某方面因為那會迫使我們回到每個人必須面對的問題：我是誰？我要什麼？我的自我價值是什麼？而這是每個人都會面臨的問題，是需要自己去尋找答案的。

然而面對這些問題是困難的，而孩子的存在可以讓我們轉而投入更急迫的養兒育女上，不用急著面對自己，但在孩子離家後，我們回到自己的人生，這是我們必須面對的，每個人的答案均不相同，但重要是要自己尋找，我們可以怎麼做呢？

1 角色的調整

不只是角色的調整，還有比例的分配。過去父母的角色占大部分，現在孩子長大離家，自己可以回到老婆或老公的角色多一點，或是女兒或兒子的角色多一些。過去忙於孩子不得不有所取捨的關係，現在可以怎麼安排？

⇒ **例如**：好好和另一半旅遊創造回憶，或是培養共同興趣等。

2 回到自己身上

最重要的是，回到「自己」這個角色，問問自己是誰？想成為怎樣的人？是可以幫助更多人的自己？還是可以健身練出六塊肌健美的自己？找到自己的熱忱，活出自己的意義。

 # 經營規劃自己的生活

　　孩子離家後，空間和時間有很大的轉變，生活空間或許可以做些改變，而家人之間聯絡感情的方式也會有所變化，這會是個陣痛期和過渡期，如何好好經營規劃？也會影響後續彼此之間對新狀況的適應程度，以下建議。

1 定時的家庭聚餐和出遊。

2 夫妻關係經營。

3 自我興趣的培養。

4 生活重心的轉移。

5 健康身體的保養。

6 享受日常生活。

7 完成之前未完成的夢想。

　　空巢期的來臨，常令人措手不及，但其實只要慢慢做好心理準備，等空巢期到來的那天，或許會有些失落，但不致於整個人崩潰，我們還是保有某部分的自己，而此時此刻正是找回過去的熱情，整理回憶，欣賞自己過去的付出，再次認識和體會自己和生命，在人生下半場，用自己獨有的方式繼續發光、發熱。

姑婆媳關係

Chapter 3

::: 如何與婆家相處 :::

永遠別期待
婆婆把你當女兒

蘭萍結婚後就與公婆住在同個屋簷下，結婚時婆婆對蘭萍說，會把他當成自己的女兒般疼愛，也因為這句話，讓蘭萍在婚後的日子裡，時時會去檢視婆婆對他說過的這句話。卻也因此，當蘭萍覺得婆婆不是如此對待自己時，蘭萍心中的不舒服就會被引發。

在最近一次與婆婆的互動過程中，因為婆婆把本來要給蘭萍的東西，先給了大姑，打算之後再去買給蘭萍，蘭萍因此不開心，而直接對婆婆生氣，也由此引發一連串的婆媳緊張關係。

「我不知道怎麼跟婆婆相處，我覺得我快受不了了……。」蘭萍洩氣地說著。

「發生了什麼事呢？」我好奇地問著。

「我覺得只要跟婆婆互動，就讓我有很多不舒服的情緒，覺得他不公平、偏心，什麼都偏袒他女兒，當初說什麼會對待我跟對待他女兒一樣，根本就是騙人的啊！」蘭萍不滿地說著。

「所以當初婆婆對你說的話，一直讓你記在心裡，希望他可以像對待女兒一樣對待你？」我問著蘭萍。

「對啊！我也很努力地付出對他好，希望他可以把我當成女兒一樣的對待，因此，或許可以在婆家好過一點……。」蘭萍點頭說道。

聽聽心理師怎麼說

　　婆媳相處是婚姻中一門重要的學問，如果婆媳關係處得好，會為你的婚姻關係增色不少，不只能減少婚姻中因婆媳關係所引起的摩擦與干擾，還能讓夫妻彼此的情感融洽、家庭和諧。最怕的是在婆媳關係不佳的狀況下，偏偏卻又只能住在同一個屋簷下，如此一來真的會讓每天待在婚姻裡的日子，都過得十分煎熬。

　　也因此，大部分的女性期待可以有好的婆媳關係，也會像蘭萍一樣「希望婆婆可以把自己當成女兒一樣的對待！」，或許這對媳婦們來說，是婆媳關係是否良好的指標，也是媳婦們期待可以遇到一個好婆婆的理想樣貌。

　　然而同樣一句話，對不同的人來說，背後卻有著不同的意涵與做法。如果你也有著跟蘭萍同樣的期待，不妨先靜下心來思考一下，對你而言，什麼樣的互動才算是有被婆婆當女兒對待？當婆婆如此對待你時，這對你來說的意義是什麼？也再次幫助我們釐清，到底自己期待的婆媳關係，會是什麼模樣。

 ## 媳婦與女兒永遠不可能一樣

　　是什麼讓你期待婆婆可以如同對待女兒般地對待你呢？是希望可以被當成一家人嗎？還是如果能被當成女兒對待的話，在婆家生活會容易一些？或是期待能夠得到婆婆的疼愛與喜歡？還是期待可以被認同或是被重視？

　　期待當媳婦的自己，可以被婆婆當成女兒一樣對待，老實說這真的不太可能呀，因為今天婆婆就算對你再好，但是媳婦跟女兒永遠都

不可能是一樣的！因為女兒是婆婆懷胎十個月從肚子裡生出來、從小陪著他長大、陪他去經歷過生活中的喜怒哀樂、他也陪著婆婆去經歷了生活中的風風雨雨，這是婆婆跟他女兒從小就建立起來，幾十年的情感，且他們還有著血濃於水的親情。

而媳婦對於婆婆來說，那可是一個闖入他熟悉環境與家庭的女子，也是一個他兒子想要相伴一生的對象，不管你們婚前或婚後的關係多好，但是畢竟那總比不上女兒長期以來的情感基礎，能夠先做到不交惡、不厭惡就很不容易了，就算希望媳婦可以像女兒一樣被對待，那也是需要時間來慢慢相處跟累積的。

試問，如果今天要你立刻去喜歡一個人，對他掏心掏肺地付出，對他掏心掏肺的好，你覺得那是可能的嗎？所以不要期待婆婆可以立刻變得跟對待他女兒一樣地對待你，而是你也能夠做些什麼，來讓你們的關係更靠近？

 ## 你能把婆婆當成媽媽對待嗎？

不妨也試著去想想，在你眼中，你認為媳婦與女兒的差異是什麼？被當女兒才能夠好好地被疼愛、被尊重？如果被當媳婦，這些得不到嗎？女兒有被疼愛時，當然也會有被責罵時，如果婆婆因為把你當女兒而責罵你，身為媳婦的你，也能夠接受這樣的對待嗎？還是你只想要獲得當女兒的好處，卻不想要獲得當女兒的壞處呢？

你自己對待婆婆的方式，又跟對待你的媽媽相同嗎？或許你跟媽媽關係很好，有對著媽媽撒嬌，獲得疼愛與關注時，但我相信也有與媽媽關係不好、發生衝突，或是對媽媽不滿時，這些你對待媽媽做過的所有事情，你也敢對婆婆這麼做嗎？如果你都無法把婆婆當成媽媽一樣對待，那又為何期待婆婆把你當女兒般對待呢？

婆媳關係，真的一定要如同母女關係才算是好的關係嗎？然而並不是所有的母女關係都是好的呀！關係能做到最基本的彼此相互尊重，就已經很不容易了，即便可能有不喜歡或是不認同的部分，但還是能尊重彼此的差異與不同，這才是彼此都能感到舒服自在的關係呀！

放下不切實際的期待

不管你期待婆婆能夠把你當女兒對待的背後原因是什麼，但是只要你抱著這樣的期待時，就等於把決定權交到他人的手上、眼光放在他人身上，因此當別人沒有辦法如你的期待與你互動時，也會讓你增添不舒服與不平衡的心情。

就像蘭萍期待婆婆可以把自己當成他的女兒一般疼愛，帶著這樣的期待與婆婆互動，並將婆婆對待自己的一舉一動，都與小姑去比較，到底有沒有做到跟對小姑一樣，也因此，當婆婆沒有做到蘭萍認為應該的樣子時，也讓蘭萍累積了許多的不滿與委屈，覺得自己沒有遭受到同等的對待，導致長期累積了對婆婆跟小姑的許多不滿，而讓自己沉浸在負面情緒裡。

不妨換位思考，如果今天你成了婆婆後，你覺得自己對待媳婦，能跟對待女兒完全一樣嗎？或許當我們能試著這樣想時，對婆婆的期待就可以少一點，而我們也能讓自己好過一點。

我們無法期待別人如何對待我們，但是可以決定如何應對

然而不管是什麼樣的關係都不重要，重要的是你是否思考過自己想要的婆媳關係是什麼模樣？或許一切無法如我們所願，但是我們可以做的是什麼？

只有被婆婆當女兒般的對待，才會有好的婆媳關係嗎？或許媳婦永遠不可能跟女兒一樣，但是你可以建立屬於你們的婆媳關係。

如何調整婆媳之間的關係

1 對婆婆有哪些期待？

這些期待如何影響你？這些期待是否合理與符合現實？不合理與不符合現實的部分，可以如何調整？

2 你想要的婆媳關係是什麼樣子？

現在的關係與你的期待落差多遠？可以如何從自己開始，去調整與婆婆的互動？

3 為自己設下界限

所有的關係都不一定會符合我們的期待，如果你想要的關係無法實現，那你可以如何為自己設下界限，並重新調整你對婆婆的期待與互動模式？因為這是為了保護我們，讓我們在婆媳關係中不耗竭、不心生怨懟。

　　永遠別期待婆婆把你當女兒，但你能依照婆婆的個性做些彈性的調整，讓生活過得自在安心，如果你覺得婆婆是個可以相處、可以溝通的人，你就可以決定你要用什麼樣的方式，與婆婆互動、與婆婆靠近；但是如果婆婆是個難相處的人，或是常常會去干擾你們夫妻的生活，就該思考如何去拉開界限、調整距離。其實不必一味地去追求得到婆婆像女兒般的對待，只要是讓你覺得相處起來舒適的婆媳關係，那就是屬於你自己好的婆媳關係。

過年總是壓力好大

　　過年快要到來，讓依如感覺到很多的壓力與擔心，最近甚至因此失眠，讓依如想要解決他的困擾。依如沒有跟婆婆同住，但是每到過年時，就需要在除夕那天，一早回到婆家幫忙，開始準備要拜拜用的東西，或是去準備除夕飯所需要使用的食材，並幫忙煮飯，因為要做好多的事情，讓依如感覺到壓力很大，心裡也不平衡，因為婆婆都不會叫未出嫁的小姑或是老公幫忙，都只依如幫忙用。

　　「每次過年時，婆婆都會提前跟我說，要我回去幫忙煮飯、要拜拜，然後一大早就叫我起來幫忙，忙完午餐、忙晚餐，都沒有機會休息，還要幫忙洗一大堆的碗，其他人都坐在那邊看電視，我也想要休息啊，之前老公要來幫我，結果婆婆就跟老公說，這是女人的事情，女人處理就好，叫他去休息。不公平，為什麼老公、小姑、其他人都可以在房間睡覺晚起，吃完飯、看電視、休息，我卻要七早八早幫忙煮飯，還要忙到七晚八晚都還不能休息，每次想到這些就覺得壓力好大，最近過年又要到了，我因此開始變得不開心，晚上也睡不好，我不知道該怎麼辦……。」依如焦慮地說著對於過年快到的擔心。

 聽聽心理師怎麼說

　　過年是中華文化中最重要的節日，從老一輩的年代裡，就格外地重視，而這些重視與習俗也在不同的家族之間代代相傳，大部分的婆

婆，在還是媳婦時，也是這樣被他們的婆婆要求與期待，而今天當他身為婆婆時，也會自然而然地，把這些要求跟期待放在他們媳婦的身上，因為對他來說，自己也是這樣過來的，這些部分是重要的事，所以在他的價值觀裡，這些是理所當然，並未有何不妥。

而當媳婦以一個後來進到這個家裡的人，也會被整個家族期待可以把一些傳統習俗，或是這個家族覺得重要的事情，一起傳承下去，然而當這些並不是媳婦原生家庭中本來就有的習慣，而需要重新調整來適應婆家的習慣與規則時，就會成為媳婦的壓力。

當依如在面對這些婆婆的期待與要求，覺得自己身為媳婦的角色，好像需要去做到，但是內心又覺得這些對待不公平、不合理，當獨自面對這樣的狀況，感到孤立無援時，就會讓依如產生極大的壓力，而不只是依如，過年也通常是媳婦們最害怕與壓力最大的節日，也因此常常有許多的媳婦，想盡辦法要逃避這個日子，但是如果老公又不理解，加上婆婆的壓力，就會讓媳婦每當面對過年時，感到身心俱疲。

你要的是什麼

面對過年的種種事情，可能讓你備感壓力，但是我們需要先回到身上去思考，面對這個壓力，你希望如何調整？你要的是什麼？當能夠先清楚自己要的，也才能幫助我們進一步去面對；如果連自己要的是什麼，或是希望如何調整都沒有辦法釐清，就會很難讓別人明確地知道可以如何調整與改變。

在諮商室裡，許多媳婦，在面對婚姻關係與婆媳關係時，常常沒有辦法思考自己要的是什麼，因此只能在別人做出不喜歡的行為時，才知道自己不要什麼，但這樣的狀況，就會讓自己在嘗試過各種不舒服的對待後，才能一一排除，而讓自己很辛苦，因此不妨花些時間思考下列問題。

1 過年讓你壓力很大，是哪些部分讓你感到壓力大？

　⇒ **例如**：獨自承擔所有人的三餐、煮飯、收拾餐桌、洗碗。

2 你願意協助承擔的有哪些？

　⇒ **例如**：可以幫忙煮飯，但不是所有的事情都要自己做。

3 你希望可以如何調整？

　⇒ **例如**：我幫忙煮飯，其他人幫忙收拾跟洗碗。

　　當我們能清楚知道自己要的是什麼、在意的是什麼時，才能夠幫助我們達到想要的結果。並不是因為你是媳婦，所以婆婆的全部要求，你都要照單全收；你需要有自己的想法跟立場，只有你能為自己捍衛你的立場，並拒絕不合理的對待。

 ## 婆媳關係，老公也無法獨善其身

　　然而所有的婆媳關係，絕對不會只是婆婆與媳婦兩人之間的關係，婆媳關係就是道三角關係，因為你的老公，永遠都會夾在這個關係裡，不可能獨善其身。因此面對婆媳關係時，別忘了，你跟老公是一體的，所以還是需要先回去處理你跟老公的關係。

　　許多人會期待，老公可以理解自己的感受或狀態；也有些人覺得老公就是應該要理解，即便自己不表達。但是如果今天你不說，你的另一半也不一定會知道，過年帶給你的壓力有多大，以及對你造成的影響有哪些。

　　當你能夠整理清楚自己的狀態時，才能夠幫助你向老公表達，為什麼面對過年你會感到壓力大，且這件事情已經如何影響到你的身心狀況。

　　別期待這些事情，老公應該要自己知道，或是能主動為你做些什麼，只有你自己能夠幫助老公瞭解你，因為如果你不表達，老公也不

會知道，且他可能會因為你各種逃避的理由或藉口，而感到不解，甚至會覺得這些事情又沒有什麼，為什麼你不願意幫忙，為什麼你的反應那麼大。

因此唯有當我們能夠讓老公理解，並願意跟我們站在一起時，這些事情處理起來，才能夠更順利，有時候老公會因為理解你，而主動幫你推辭或想辦法，讓你可以不需要去面對這些事情，或是能夠陪你一起去面對。

 ## 老公不理解該怎麼辦

當然並不是所有的老公都願意站在老婆這一邊，如果不幸的是，你的老公就是無法理解你，甚至覺得你是媳婦，本來就應該做這些事情，他的媽媽以前也是這麼過來的，你去幫忙也是應該的事，此時你就需要去思考，要如何去面對這樣的狀態。同時也別再把期望放在老公身上，期待他可以解救你的壓力，你只能為自己去做調整跟改變。

1 選擇繼續忍耐

繼續忍耐、調整心情，當然可能也會因此累積負面的心情。

2 幫自己用合理的理由來拒絕

像是用工作等比較合理的理由來幫自己拒絕，但是每年你都需要這樣拒絕，久了婆婆也會知道你在逃避，或是對這些理由感到不滿。

3 直接劃清界限

直接表達你願意做哪些，不願意做哪些，以爭取自己的權益。可能一開始會讓對方不滿，但是如何婉轉地表達，並堅定自己的立場，才能避免這樣的狀態在日後繼續發生。

如何面對婆婆的期待

「你並不需要當個好媳婦，婆婆的要求也不需要照單全收。」很多時候，我們會覺得應該要當個好媳婦，或是對於媳婦的角色，該是什麼樣子而有一些想法，但是這些「應該」也讓我們把自己的需求放在較遠的位置上，凡事以婆婆為重，或是擔心婆家的人怎麼看待我們，會為我們帶來怎麼樣的影響，這些都讓我們沒有辦法去表達自己的想要與需要，或是去拒絕不合理的對待。

因為你把別人看得比自己重要，也把對待自己的決定權，放到別人的手上，讓別人來決定你該做什麼、不該做什麼。

或許你自己覺得以上狀態都沒有問題，也不會因此不舒服，或是感覺到壓力，但實際上大部分人更可能遇到的狀況是：別人覺得我們該做，但是我們不想做，又沒辦法拒絕，且擔心拒絕後，別人會怎麼看待我們，以及會不會不被喜歡……等狀態，才會讓我們產生壓力。

不會所有的事情，都會得到別人認可或喜歡，但是只有你能為自己決定，要怎麼做，才能夠讓你自己舒心，並且身心健康又愉快。

公婆老是
教我如何管教孩子

姑婆媳關係：如何與婆家相處

　　「每次我在教孩子，或是照顧孩子時，婆婆常常看到就會在一旁指手畫腳，說我應該要怎麼做才是對的，如果不聽進去他的話，他就會一直碎碎念，說我不會帶孩子，這樣就算了，還會到處跟鄰居說……。」怡如無奈地說著。

　　「公婆每次都跟我吵說要看孩子，但是孩子帶回去，他們都亂顧，跟他們說孩子還小，不要給他們吃零食，不然會吃不下飯，但是他們都不聽，孩子想要怎麼樣，他們就順著他，結果孩子帶回來時，變得很難帶，我真的很不喜歡他們這樣子，跟他們講也講不聽，還說吃一點點沒關係……。」小芳在說到公婆與自己管教孩子的差異時，充滿無奈。

　　「孩子不聽話，我在教他們時，有時候孩子會哭鬧，公婆就會跑過來，說什麼孩子還小不懂事，沒關係，不要對孩子這麼兇！然後把孩子帶走，結果孩子現在就會看臉色，公婆在時，他們就會很皮，真的很難帶。我才是孩子的媽媽，為什麼要干涉我要如何帶孩子！」雅晴憤怒地說著。

聽聽心理師怎麼說

面對孩子的教養問題，你是否也碰過類似上述的狀況呢？每次當你在管教孩子或是照顧孩子時，公婆老是要介入，去干涉你管教與育兒的情況。孩子的教養問題，也常是引發婆媳問題的一環，面對自己的教養方式，公婆常常有不同的意見與想法，而忽略了媳婦身為媽媽的權力，也常常會因此惹得媽媽們不開心。

面對這樣的狀態，許多媳婦都會感到很無奈，尤其是講不聽、不斷干涉的公婆，更是讓媳婦們頗有微詞，因此該如何去應對，拿回屬於自己的管教權，並為我們劃下育兒的界限，讓我們在面對孩子的教養，可以依照自己的模式去進行，是一門需要學習的功課。

 ## 為什麼公婆會干涉你的教養呢？

俗話說知己知彼，在面對公婆的干涉時，不妨先試著瞭解一下，公婆為什麼會有這些行為出現呢？猜測他們的這些行為到底是發生了什麼事？因為當你能瞭解公婆行為背後的動機時，你也才能夠知道要如何去應對。

公婆干涉教養的可能原因

1 他們覺得你是新手，需要多一點提醒

你需要讓公婆對你感到放心，讓他們相信你可以照顧好孩子，他們就不會再插手。

2 公婆覺得這樣對孩子比較好

如果公婆只是在意什麼樣對孩子比較好，此時你如果想說服公婆不干

涉自己，就需要先釐清自己的方式好在哪裡，並找出一些專家說法、科學證據，來說服他們，什麼樣的方式對孩子比較好，如此一來，他們也會因為你提出的方式對孩子比較好，而願意調整。

3 想要與孩子親近、被孩子喜歡

如果公婆是因為想要與孩子親近、獲得孩子的喜歡，而對孩子有較多的寵愛與偏袒，我想他們不是故意要打破你的原則，公婆只是沒想到他們的舉動會與你的管教有所衝突，因此不妨試著與公婆溝通，哪些部分是你在意的，以及在哪些部分你能有更多的彈性，讓他們可以與孩子多親近。

4 對於媳婦的不喜歡、不認同

以上幾種狀況，都還有溝通、討論的可能，但是如果公婆是因為對於媳婦的不喜歡、不認同，而去干涉跟反對，此時就不是溝通、討論可以解決的事。這時你就需要去堅定地維持自己管教、育兒的界限，否則你永遠使不上力。

或許公婆可能是為了媳婦好或是為了孫子好，但是他們並沒有思考那麼多；也或許他們與他人的互動模式比較主導或強勢，未去顧慮到媳婦的感受；或是因為擔心、焦慮，而影響了媳婦管教、育兒的方式。所以我們也需要去和公婆討論，讓他們知道哪些部分是我們在意，且需要他們尊重的，而如果他們沒辦法做到，我們會如何維護。

 ## 先釐清自己對於教養孩子，有哪些原則

然而在與公婆溝通前，最重要的是，我們需要先釐清自己在教養方面的原則有哪些，才能幫助我們在面對不同的差異時，知道自己的原則從何而來，以及為何而在意。當我們知道自己的教養原則，以及在教養原則上在意的優先次序，才能夠幫助我們去面對這些狀態，並知道輕重緩急和如何去取捨，也才能夠向對方清楚表達己見。

所以不妨先靜下心來思考，面對孩子教養的部分，你在意的排序為何？可以參考以下的項目，幫自己列出優先次序，並加入其餘你在意的部分。

1 孩子的飲食。　　4 孩子的態度。　　7 孩子的學業。

2 孩子的健康。　　5 孩子的規矩。　　8 孩子的交友。

3 孩子的作息。　　6 孩子的衣著。　　9 孩子的心情。

當你列出優先次序後，也請寫下為什麼你會將它放在這個順序上？在意的原因是什麼？以及你期待的具體做法是什麼？透過這樣的方式，也在幫助我們重新釐清與思考自己的教養風格。

比起公婆，更重要的是老公的態度

然而在與公婆溝通前，最重要的是，我們需要把自己釐清好的部分，先跟老公討論，並去聽聽老公對於你提的這些順序及原則，他有什麼想法，針對育兒教養的過程中，所會碰到的各式狀況，彼此去協調出兩人都同意，且願意一起堅守的孩子教養原則。然而隨著孩子的不同成長階段，也會有各式新的狀況出現，因此夫妻可以隨時進行討論跟調整，成為彼此合作的好夥伴。

如果你未能讓老公與你的教養態度一致，就會讓你在教養孩子的過程中，面對公婆的干涉與做法上的差異時，你欲為自己發聲、表達立場，但一旁的老公卻覺得這沒什麼，要你不要跟他爸媽起爭執，甚至要你配合他們、讓他們一下，反而會因為老公態度與你不一致，導致你在育兒教養的路上孤立無援。

當你能與老公育兒教養態度一致時，即便你與公婆有教養上的差異，又或是當你不在場、老公須獨自面對這些狀況時，也會主動去維

護你們的教養原則,並去面對公婆、與公婆溝通,而不會讓你獨自承擔管教育兒的責任。

 ## 面對公婆時,為自己劃下界限

面對與公婆在教養上的差異時,最需要做的就是與公婆溝通,並且表達我們管教孩子的方式與立場,為自己劃下界限。如果你選擇不說或是忍耐,不管是對之後和公婆長期的互動,以及將來對孩子的教養方式要如何確立,都不會有幫助,甚至有時候反而會讓小孩學到,面對不同人的管教要採取不同的行為應對,而影響你想要為孩子立下的規則。

想要有良好的溝通,我們可以做的是

1 覺察自己的情緒,不因為被干涉而受影響,才不會讓情緒影響之後的溝通。

2 去思考公婆這麼做背後的原因,如果可以,也能在溝同時,同理公婆的心情,讓公婆知道你懂他們。

3 面對教養上的差異,溫和堅定地表達出你的教養方式與立場。

4 面對差異時,當下積極溝通。不要選擇忍耐或事後再採取行動,避免因此讓問題累積、彼此關係惡化、累積內心的負向情緒。

5 如果公婆的方式,無法讓你真心認同,就不要為了他們的期待,而去迎合與勉強配合。

6 所有的關係,最重要的都還是夫妻關係,別讓管教問題及與婆家相處的問題,影響到夫妻兩人的關係。

面對孩子的教養問題,以及與婆家的關係,放在一起時就增加了問題的複雜性,因此更需要我們有智慧地應對,才能不讓這些議題,影響夫妻間的關係。

婆婆把我當外人

　　新婚不久的小玟，在跟婆家的相處中，常常讓他感覺不太舒服，而且也不知道要如何適應這樣的狀態，因此來到了諮商室裡。畢竟跟婆家住在同一個屋簷下，所以希望能夠找到與他們相處的方式，讓未來的婚姻生活，可以順利一些。

　　「記得結婚當天，宴客結束後，我坐在婆家的客廳裡，而公婆在算婚禮上收到的禮金，討論那些禮金要歸誰，以及要如何支付桌錢，最後婆婆當著我的面，問我家那五桌的錢要算誰的，老公可能意識到婆婆怎會當我的面說這種話，於是急忙開口說算他的。我覺得才剛進門，就要算的這麼清楚嗎？訂婚宴已經是娘家付了，婚禮男方付很合理吧？」小玟說道，並對於婆婆對待自己的方式感到相當不解。

　　「然後現在我們住在婆家的三樓，婆婆他們另外在三樓申請一個電表，說我們住三樓的電費要自己付，然後有一次他們自己買了兩箱的衛生紙，硬是要我們認購一箱的費用，我們又沒有說我們需要，我覺得婆婆一開始說的很好聽，說大家都是一家人，但卻什麼都分得那麼清楚，好像我是外人一樣，我跟老公抱怨，老公說他爸媽就是這樣，但這就讓我感覺很差……。」小玟一股腦地吐出這段時間相處的不快。

 聽聽心理師怎麼說

　　在與婆家相處的過程中，有很多的感受，都是從籌備婚禮的那刻開始，從那一刻起，彼此都在互相觀察，怎麼跟對方的家人互動，且

145

要一起完成籌備婚禮這件事，就會讓各自在意的事情，因為婚禮被攤開來檢視。伴侶也會開始觀察彼此的家人，在這過程中如何對待自己，許多林林總總的感受，不論好與壞，都會被放在心上，並開始體會在另一個家庭當中，自己是如何被對待，並在往後的日子中觀察與驗證。

你是否也跟小玟一樣，有相似的狀況，期待婚後，可以被婆家人當成一家人看待，但是在相處的過程中，卻感受到，你以為的一家人，跟他們所呈現的模樣，和你想像的很不一樣。

當然有不少媳婦都會期待婆婆把自己當成一家人看待，或是被當作女兒看待，期待這樣的對待方式，能夠幫助自己在面對婆家人時，可以好過一點，被好好地對待，但是抱著這樣的期待，卻得不到對等的對待時，也會讓我們感到挫敗與受傷。

 ## 多向老公瞭解婆家的互動模式

新婚媳婦要融入一個陌生的家庭，心中不免有許多的小心翼翼，期待被認可當成一家人、可以有歸屬感，但是如果一開始就感受到被當成外人，也可能會讓媳婦覺得融入這個家庭的機會不大，甚至有很大的失落感，且這輩子都需要這樣相處下去的話，也需要好好地消化這些複雜的心情。

被婆婆當外人的確不好受，但是不妨先跟老公瞭解一下，婆婆是怎麼看待媳婦的角色，過去婆婆是否曾經跟老公說過，對於媳婦的期待及想法；或是如果婆家裡有其他的媳婦，婆婆又是如何與對方相處跟互動，可以作為參考。至少先讓自己心裡有一個底，而你也可以透過這些線索，去調整自己作為媳婦的模式，以免讓自己抱著太高的期待而失望。

那些讓你不舒服的感受，不妨試著跟老公表達，或許老公會跟你解釋，可能是因為他媽媽就是這樣的人，或是有其他的原因，導致婆

婆會有這些相處與互動模式。畢竟他是老公的媽媽，他們過去長時間的相處，他至少比你更清楚他媽媽的個性，因此透過老公的解釋，你比較能夠清楚婆婆的個性跟狀態，來幫助你拿捏日後如何和婆婆相處。

或許婆婆這些行為，是因為婆婆的互動都比較直接呢？還是婆婆就是個喜歡分得清清楚楚，不占他人便宜的人？又或是婆婆希望你們成家之後，各自負責？各種可能原因都有，但是不要先幫自己預設立場，讓自己心裡難受，我們不妨先把這些觀察放在心裡，自己去感受，再去思考要如何去應對這樣的模式，讓自己比較好過，心裡也比較不會不平衡、不舒服。

 ## 被當外人也沒有不好

如果婆婆無法改變他長久以來與他人的互動方式，或是他壓根就是把媳婦當成外人，如此情況下，想要改變婆婆的想法跟態度，幾乎不可能，除非你能在日後的生活中，慢慢地贏得他的心，扭轉他對待你的方式，但是這麼辛苦，既遙遙無期又無法預知到底能不能達到目的，你真的想要嘗試嗎？

換個角度想，其實被當作外人也沒有不好，一切劃分得清清楚楚、簡簡單單，規則明瞭，也更能夠掌握跟對方互動的模式，讓自己省心不少。所以不妨就把自己定位成外人吧，不要過度涉入婆家的事物，把注意力拉回到自己身上，好好經營跟老公兩個人的關係，至於婆家，就當成老公的長輩，相互尊重就好。

當外人的好處

1 你如何待我，我也如何待你。
2 不被過度干涉。
3 不需要涉入太多。

4 不會過度勞心勞力。

5 大方向的原則好掌握。

6 不會有太多人情壓力。

7 好好專注在自己的小家庭。

　　被當成外人，會有上述等等的好處，讓你不需要太勞心勞力在婆家的事務上，分擔太多的事物，因為被當成外人，也比被當成僕人跟傭人好，就好好地回到自己身上，經營好夫妻兩人的婚姻生活吧。

為自己定位，找到你想要的相處方式

　　與其將眼光放在婆婆老是把自己當成外人，甚至蒐集各式婆婆把自己當成外人的例子，來次次驗證，並加深他就是把我當外人的想法，倒不如思考，你想要用什麼樣的方式跟婆婆相處，由你去調整跟拿捏，並選擇讓你舒服、不委屈、不勉強的模式。

你想要怎樣的相處方式？

1 尊重不同的意見和想法。

2 不過度干涉彼此的生活。

3 包容彼此的差異。

4 彼此期待不同時，不強迫對方順從。

5 多溝通，少猜測。

　　當你清楚自己想要的相處跟互動模式是什麼，也比較能夠依你自己的步調去調整，不會輕易地因為對方的一舉一動而動搖，影響了你的心情跟狀態。但也別忘了，改變的鑰匙在自己手上，不要期待婆婆可以主動調整或改變，你可以透過自己的調整跟改變，去達到自己想要的模式。

　　被當成外人，看似讓人難受，但是也有被當成外人的好處，所以不妨換個角度調整，放下對婆家的期待，好好地去過自己想過的生活吧。

婆婆不喜歡我回娘家，
就不回去嗎？

　　靜婷與婆婆同住在一個屋簷下，因此常需要調適自己，去適應與婆家人的相處，對於靜婷來說，這樣的調適常會讓他感覺到壓力，於是回娘家變成是靜婷期待可以放鬆並照顧自己的時刻，然而卻也因為常常回娘家，引發靜婷婆婆的不滿。

　　「我過去還沒結婚時，在外面工作，通常兩個禮拜就會回家一趟。今年跟老公結婚後，我還是一樣兩個禮拜就會回去，婆婆知道以後就對我說，很少嫁出去的女兒，還這麼常回娘家的。我以前也沒有像你這樣三天兩頭就跑回娘家。」靜婷說著在婆家遇到的困擾。

　　「婆婆說如果我三不五時回娘家，鄰居會講閒話，娘家也會覺得是因為他們對我不好，所以我才會常常回去，因此不喜歡我回娘家。所以每次我要回去時，都要找各式的理由，或是不要讓婆婆知道我要回去，不然他知道以後就會一直碎碎念，搞得每次要回娘家都要看婆婆的臉色，真的覺得壓力好大。我也在想是不是不該回去，但是我就很想要回去看爸媽，我以前也是這樣子的啊……。」靜婷無奈地說著婆婆與他互動的狀態。

聽聽心理師怎麼說

你是否跟靜婷碰到一樣的狀況呢？要回娘家還得要看婆婆臉色，擔心婆婆不同意，或是因此不開心，每次都因此搞到壓力大，或是懷疑自己是不是真的就不應該回去？這樣婆婆才不會不開心，才不會對我們碎碎念？

通常這種情況，都比較會發生在與婆家同住的媳婦身上，因為同住在一個屋簷下，所有一舉一動，都會被婆家看在眼裡，無所遁形，甚至去評斷媳婦的這些行為，到底應不應該，如果另一半沒有展現神隊友的救援，這樣的狀況就會重複在你的婚姻中上演，除非你也能為自己採取行動。

我們每個人都是人生父母養，老公跟他的父母住在同一個屋簷下，照顧他的父母，當然我們也會想要回娘家陪伴父母，或是讓自己好好放鬆休息，回到當女兒的時刻。所以要不要回娘家，其實是你的自由跟意願，如果老公可以照顧、陪伴他的爸媽，為什麼你不可以呢？

 為什麼那麼在意婆婆的喜好

如果你今天想要回娘家，腳長在你的身上，你決定要做的事情，其實任何人都沒有辦法阻擋你。然而是什麼讓你如此在意婆婆的喜好、讓你覺得要乖乖聽婆婆的話呢？是不是你自己也會認為身為媳婦應該要怎麼做，或是不應該要怎麼做呢？

不妨花一些時間思考下列的問題，來幫助我們釐清。

1　是什麼讓你那麼在意婆婆的喜好？

避免被碎碎念？擔心被婆婆批評？害怕婆婆不開心？擔心自己不符合好媳婦的期待？或是習慣照顧他人喜好？因為是長輩，所以要聽話？還是害怕老公失望？

我們會在意婆婆的喜好，一定有背後的原因，要先釐清自己在意的原因，才能夠去幫助我們面對這樣的狀況。

2 如果不滿足婆婆的喜好，會發生什麼事？

會被碎碎念？會被婆婆批評？被婆婆討厭？被貼上不是好媳婦的標籤？不知道怎麼去拒絕，或是表達自己的需要？又或是覺得晚輩應該要順從，否則會被說不孝？老公會生氣，覺得夾在你和婆婆之間難做人？

不滿足婆婆的喜好，是否會發生什麼讓你擔心的事情呢？如果發生了，對你會帶來什麼樣的影響？你是否能夠應對？

3 你想做的事情，跟婆婆的喜好，哪個對你來說比較重要？

有時候你會被卡住，其實也代表你想要的跟你認為應該做的事，產生了矛盾跟衝突，讓你不知道要如何去選擇。

不妨換個角度思考，當我們顧慮婆婆的喜好時，其實也是把對方的期待跟需要放在我們的面前，忽略了我們自己的期待跟需要，如果為了照顧婆婆的喜好而忽略自己，就表示我們沒有很重視自己的需要，輕易地就先犧牲掉了自己。

4 為自己做出取捨

許多事情不可能兩全其美，當你做想做的事情時，同時又符合婆婆的期待，這是不可能的，你必須取捨，到底你最想要的是什麼，只有你能為自己做出決定。

 ## 只有你能捍衛你自己的需要

我們每個人相處，不可能完全喜歡對方的所有行為，但是否能尊重彼此是個獨立的個體，有各自的意願跟想法呢？不是因為不喜歡就要去干涉你，但是如果你因為害怕對方不喜歡，自己就先選擇不去做，就代表你把自己的需求捨棄，將你自己的需求拱手讓人決定。

因此婆婆不喜歡你回娘家，你就不回去的話，那這件事就只會是個開始，之後你就會持續地被干涉其他的部分，你也會被迫交出你的決定權，這會是你想要的情況嗎？

當你的需要違背他人的喜好，要能夠照顧自己的需要，又要讓別人開心滿意，是不可能兩者都兼顧的，別期待婆婆能夠接受或是改變，只有我們自己能為自己站出來，去捍衛我們的想要與在意的事物。

讓老公知道回娘家對你的重要性

在婆媳關係裡，老公的角色也占有一個很重要的位置，許多時候，若能讓老公理解我們，願意支持我們時，當碰到婆媳問題時，老公就能夠伸出支援與協助，成為我們的神隊友，讓我們可以更順利、更省力地面對這些狀況。

所以如果碰到回娘家這件事情，需要幫助老公理解你，不妨嘗試下列的思考，能讓老公更清楚理解你的想法，並與你同在。

1 為什麼你會想要常常回娘家呢？

是因為想要孝順爸媽、盡子女的義務、想要可以放鬆休息、需要有自己的空間、想要被爸媽好好照顧……等，去思考回娘家這件事對你的重要性是什麼。

2 回娘家會為你跟你的婚姻帶來什麼影響？

⇒ 例1：能夠常去看爸媽，盡孝道，才不會讓你對爸媽有虧欠感，也會讓你更願意回來投入在你的婚姻及婆媳關係中。

⇒ 例2：讓你可以好好放鬆，抒發壓力，暫時擺脫媳婦、媽媽、老婆的角色，好好充電。

去思考，對你來說，回娘家會為你的婚姻帶來哪些正向的影響，並為你的婚姻關係，以及和婆家的相處加分。

3 不能回娘家會對你跟你的婚姻帶來什麼影響？

⇒ **例1**：無法盡孝道，只能順從婆婆，會讓你面對婆婆或是婚姻關係時，心裡不平衡，而對婚姻或婆家心生不滿與怨恨。

⇒ **例2**：自己的需要沒有被滿足，壓力累積，負能量跟情緒也在累積，自己身心狀況沒有照顧好，面對婚姻和婆家也會壓力更大。

思考不能回娘家會怎麼影響到你的心情與感受，這件事會為你的婚姻及跟婆家相處帶來哪些影響。

透過上面的方向來整理並思考自己的需求與狀態，以及這件事對你造成的正、負向影響，並向老公表達清楚，也幫助老公可以更加瞭解你的需要，以及回娘家對你的重要性，讓他能夠支持你。

當然有些老公還是無法理解或支持，如此一來，你只能選擇為捍衛自己的權利而發聲。沒有什麼事情都能兩全其美，但是你能為自己選擇，對你來說想要與重要的事。

是否要與婆家人同住

　　郁琳與王明結婚三年了，近來因為公公過世，老公想要把婆婆接過來照顧，但郁琳跟婆婆一直沒有太多的互動，過去只有逢年過節時才有所相處，且相處的過程中郁琳小心謹慎，戰戰兢兢，深怕惹婆婆不高興，因此如果要住在同一個屋簷下，會讓郁琳有很多的壓力，也因為這件事情讓郁琳有許多的擔心，不知道要不要同意老公的作法。

　　「心理師，我不知道要不要跟婆婆同住，當老公跟我說這個想法時，就讓我開始感到擔心，最近還因此已經睡不好一陣子了，老公又是婆婆唯一的兒子，如果不答應好像也說不過去，但是住在同一個屋簷下，我又很擔心相處的問題……。」郁琳滿臉愁容地說著。

　　「你有把你的擔心跟老公說嗎？」我問郁琳。

　　「我不知道要怎麼說，老公是唯一的兒子，好像又沒辦法拒絕，所以我不知道要怎麼開口……，我之前有說過，不知道要怎麼和婆婆相處，可是老公跟我說，叫我放輕鬆、別想太多……。」郁琳回應著。

 ## 聽聽心理師怎麼說

　　你也有跟郁琳相同的經驗嗎？面對要不要跟婆婆同住在一個屋簷下，大部分的媳婦內心總是有許多的糾結與擔心，這也是部分媳婦可能會碰到的問題。可能是剛新婚的夫妻，會面臨要不要同住一個屋簷

下的考量；也可能因為婚後隨著生活的變故及長輩的衰老，而面臨到需要同住的狀況。

在不得不與婆家人同住在一起的狀況下，這時候就會需要重新去適應不同的生活模式，不管是誰都需要去調整。調整得好，彼此適應相安無事；但是萬一調整不好，或是有一方不願意調整，就有可能讓整個家庭進入緊繃的狀態，引發許多的紛爭與不愉快。

最美好的狀況下，當然是可以選擇與婆家分開住比較好，因為能有各自的生活空間，新婚夫妻兩人需要去建立屬於自己的生活模式與家庭習慣，不與婆家人同住，就能夠少一點干擾，建立屬於兩人的小家庭。而已經建立生活習慣與模式的夫妻，在面對與婆家人同住的狀況時，就需要去調整目前既有的模式，來重新適應新成員的加入，而過去的習慣與模式也可能因此重新洗牌。

不同住的距離能產生美感

不管是從生活習慣、用錢方式、家事分配，孩子教養，甚至到家具擺設配置……等狀況，許多婆媳同住問題的產生，都來自於雙方的生活模式與觀念上的差異。為了避免太多摩擦而影響彼此間的情感，最好的方式就是能夠擁有一點空間與距離，因為距離可以讓你在與公婆在相處不愉快時，能夠擁有其他的空間，讓你可以好好地喘息、整理心情。

不同住的狀態下，偶而見面，彼此也能夠在短暫的互動過程中，願意投入互動，擁有更良好的互動品質，因為你心裡知道，時間過了就結束了，這些只是暫時性的互動，他們只是你生活中的一個插曲，不會打亂你原本的生活，因此能讓彼此的互動不會過於緊繃。

即便因為與婆家人相處而有些摩擦或是不舒服，可能是面對婆婆的不認同，或是公公的指教，但回到屬於你自己的家中，你依然可以照自己的生活模式跟步調，過你自己想過的日子，不會有人一直在你耳邊、身旁，對你指手畫腳。

讓老公成為你的後盾

在抉擇是否要與婆家人同住前，最重要的因素是你的老公，在面對婆媳關係時，他能夠承擔什麼樣的協調與責任。

對於老公來說，他原生家庭的許多互動模式，以及家中的規則與要求，他可能都已經習慣了，也因此同住與否，對他來說並不會有太大的差異與改變。

然而他最清楚他家人的個性與狀態，在面對事情時，要如何與他們討論、協調，才能得到較好的結果，因此他在你與婆家的關係中，扮演了很重要的居中協調角色。所以你的老公是否有肩膀，願意夾在你與婆家的中間，擔任協調的角色，且能適時為你與婆家劃出界限，也會影響到你與婆家人的相處，以及你們的婚姻關係。

因此角色如此重要的他，是否願意為你去與婆家溝通？他是否能夠理解你的處境與難處？能否理解住在婆家，不比自己家或娘家自在？如果他願意為你這麼做，那麼不管在面對婆家問題時有多不易，至少他會在碰到一些事情時，先幫你擋下來，成為你的後盾，而不會讓你孤軍奮鬥去面對婆家一整家的人。

因為你的老公是你最重要的夥伴，所以需要在平時，就好好與對方經營你們的婚姻關係，在面對事情時，能好好地討論、分享彼此的感受，增進對彼此的理解，一起找到面對的方法。從這些小事情去練習，也能幫助你們兩人增進對彼此的瞭解與支持，以及累積面對事情

的能力。這樣他才能去理解你的感受與難處，願意陪著你、支持你，一起去面對生活中的改變。

有時在婚姻裡最辛苦的事，不一定是面對婆家，而是你身旁最應該陪你去面對風雨的老公，不能理解你，甚至認為是你自己的問題，讓你獨自一人去面對、去受苦，所以先把老公變成你最重要的後盾吧！

同住關係和諧，更能互相幫襯

然而並非所有跟婆家人住在一起的經驗都是不好的經驗，也聽過不少媳婦分享，待在婆家比待在自己家中有歸屬感，或是公婆對自己比爸媽對自己好的也大有人在。這裡面很重要的成因，是和你碰到的婆家，他們擁有什麼樣的個性與特質有關，然而除非你能在婚前先觀察清楚，否則能不能碰到這樣的婆家，就是你的運氣了。

住在同一個屋簷下，如果關係調整得好，那麼家中的一切事物，有更多的成員可以彼此支援，不會所有的重擔都只能由夫妻倆去承擔。像是不需要每餐都要自己張羅，臨時有事時，家人可以幫忙照顧孩子，家事可以多一點人互相分擔，家人之間也能彼此照顧與關懷。

什麼樣的狀況適合同住呢？

1 老公願意承擔起居中協調的責任。

2 能與婆家人相處。

3 有彈性能彼此協調。

4 面對問題會提出來溝通。

5 有時需要放掉部分的自己。

6 能清楚知道自己的界限在哪裡。

7 能接受一切不一定符合自己期待。

不管要不要住在同一個屋簷下，最重要的前提是，當同住在一起時，除了老公是否能夠給力地承擔居中協調的角色外，再來就需要考量，你跟婆家人是不是能夠處得來。並不是所有的公婆都會對媳婦滿意、喜歡，也不是所有的公婆都願意用尊重的方式去與媳婦互動，如果有些既定的想法與觀念，或是生活模式落差太大，不同住反而最能營造出美好的關係與互動。

同屋簷下的困境

　　如果你很容易因為別人的期待而被影響，需要得到他人的支持與肯定，且帶著期待被認為是好媳婦的價值觀，與婆家人同住在一個屋簷下，可能會讓你過得有點辛苦。如果你又是一個害怕衝突的人，則很多時候你可能會為了符合大家的期待，而犧牲自己，或是壓抑自己的想法、感受，甚至放棄為自己開口的機會。

　　然而壓抑與隱忍並不會讓關係變好，只能換得片刻的風平浪靜；避免衝突，也只是把差異延宕爆發，久而久之，便會讓關係惡化。

同住在屋簷下，可能會碰到以下的困境

1　面對不是自己的家人，所以相處起來沒那麼自在。

2　如果公婆不是那麼喜歡你，或許你相處起來會戰戰兢兢。

3　家中不一定會是你的避風港，可能連在房間，你也會無法自在。

4　你可能會壓抑自己的想法、感受，也可能你根本沒辦法表達，或是不被接受。

5　如果公婆比較強勢，你的生活很多部分都可能會被干涉。

6　你的老公不一定能夠去協調婆家各式的問題，很多時候你只能自己面對。

在面對這些困境前，先不妨思考自己應付的來嗎？這些是否是你很在意的事情？且很容易影響到你的心情？如果是，就不建議同住，因為長期處在這樣的狀態下，承受的壓力與心情的都會影響到一個人的身心健康。

　　人與人的關係，其實是在互動的過程中，逐漸去累積情感的，然而關係好壞的走向，互動的雙方都需要負起責任，有時候當我們努力付出，不一定能得到一丁點的回報，或是被當成理所當然時，就需要回到自己身上重新思考，與對方界限的拿捏，是否要像過去一樣繼續全然的付出，然後繼續被視為理所當然、一文不值嗎？可以如何調整，心中會比較平衡呢？如果你的付出別人不珍惜，倒不如把精力花在自己身上，以及值得你去維持關係的人身上吧。

住在婆家
家事該如何分工

「我覺得我在這個家就像傭人一樣，什麼事都我在做，吃完飯時，小姑可以坐在那邊看電視休息，但是我卻要一個人收拾桌子、洗碗，有時候老公要來幫忙，婆婆卻說老公上班很累，要他去客廳休息，也不准老公幫，幾乎所有的家事都是我在做，我也有在上班呀，我也需要休息啊，為什麼叫他們去休息，卻要我一個人做這些事，我覺得我在這個家裡，就像是奴才、丫鬟、傭人一樣，什麼事都要我去做，做不好還會被責罵，我覺得我受夠了……。」心如說著說著就哭了起來。

心如跟公婆、小姑同住在一個屋簷下，長期以來，因為家事的重擔全部都落在心如身上，讓心如有很多不公平與委屈的感受，也覺得自己沒有被當成一家人好好地對待，因此累積了許多的負面情緒。

 聽聽心理師怎麼說

心如的故事，也是我很常聽到跟婆家同住的媳婦，會說出的故事。嫁到婆家後，許多事情成了媳婦「應該」要去承擔的責任與義務，所有的大小事，都成了媳婦的事。

家是大家的，同住在一個屋簷下，每一位家庭成員，對於家都有

責任與義務，需要為家庭的事物來付出，但是如果責任全部都放在同一個人身上的話，真的會讓人覺得很不公平，也會讓人覺得是不是真的有被好好地當成是同一家人呢？

然而如果想要改變這樣的狀況，我們需要為自己採取行動，而不是等著他人主動來為我們調整，因為這樣的期待不太可能會發生，所以我們需要重新為自己劃出在家中的界限。

 ## 先跟老公溝通

婚姻中，只要是牽扯到跟婆家有關的事情，在採取任何行動前，建議可以先跟老公溝通，討論出一致的立場、一起去守護兩人的婚姻。因為婚姻的事，是需要兩個人一起共同合作去運作的，並不是各自的責任，而是兩個人都有共同的責任。

所以如何透過溝通，讓老公也能夠知道，面對家務分工，整個家的家務重擔都落在你身上，對你的生理跟心理造成什麼樣的影響，以及這件事情如何影響到兩人的婚姻關係。

試著整理這件事對你的影響

1 家務都落在自己身上的感受是什麼？
2 老公無法給予協助時，讓你有什麼樣的心情？
3 當你感受到在婆家的對待方式，讓你有什麼樣的心情、想法？
4 上述這些狀態，對於你跟老公的關係有什麼樣的影響？
5 你期待老公可以怎麼做？

我相信當你開始對家務分工的不均，有不舒服的想法時，在你心中就已經疊加、累積了許多負面的情緒，這些情緒可能在無形中，造

成我們情緒的低氣壓，所以不妨先整理一下上述的問題，藉此檢視這件事對我們生活、心情、婚姻造成了什麼樣的影響。

當我們整理好自己後，再去思考如何用柔性的方式，嘗試去跟老公表達、溝通，避免讓我們的表達，不小心淪為對婆家、老公的控訴或指責，否則只會帶來反效果，且對於整件事情也沒有幫助，還可能因此讓夫妻關係產生嫌隙。

如果這件事情，老公可以理解你的辛苦跟感受，此時就可以進一步跟他說，你期待他在這件事情上，可以為你做些什麼，以及你期待他可以用什麼樣的態度來面對，來給予你協助？

或許你的老公也不太擅長跟他的爸媽表達想法，或是去堅持他自己的某些做法，但是當你感受到他為你做出的行動，或許有時候是很小一步，但也別忘了給他鼓勵，兩人一起加油，為了守護兩人的婚姻，一起去做調整跟改變。

 ## 為自己發聲

在期待老公努力的過程中，我們也需要有所付出跟行動。同住在一個屋簷下，日後還要許多的日子要過，彼此需要相處，因此面對家務的部分，當跟老公討論好一致的面對方式後，要怎麼樣為自己發聲？除了老公替你發聲外，你能不能也為自己發聲呢？

在諮商室裡會碰到一些媳婦，面對婆家的一些不合理對待跟反應，會自己默默忍受下來，或不知道如何開口表達自己的需要，又或是不知道該如何說「不」，也因此自己從來沒有為自己發聲過，導致不斷地忍耐後，讓自己累積了許多的怨恨與不舒服的情緒。

面對婚姻關係中的任何事情，切忌用忍耐的方式來面對，因為如

此並不會為你的婚姻幸福美滿加分，只會讓你一步一步因為忍耐，而把你推入婚姻的困境。因為忍耐並不一定會得到你想要的後果，或是得到他人的善待，可能只是讓別人覺得你可以被如此對待。

與婆家人溝通、劃出界限

因此你需要試著為自己發聲，如果你覺得分配不公平，能不能為自己開口？或許一開始我們很難拒絕或說「不」，但是可以試試用一些較婉轉的理由，作為溝通的開頭。不妨試著思考，以你的狀況，比較適合用下列哪個方式與婆家溝通。

如果婆家是可以溝通的

1 為自己找個婉轉的方式提出討論

⇒ **例如：** 我最近因為＿＿＿＿＿（什麼原因），沒有辦法再繼續做＿＿＿＿＿（哪些家務），需要大家可以一起分擔。不知道大家覺得如何？

2 直接提出討論

⇒ **例如：** 我需要大家幫忙，我希望＿＿＿＿＿＿＿（哪些家務）大家可以一起分擔。

如果婆家可以溝通，且為了避免影響家庭和諧度，又希望能達到自己想要的調整方式，就可以用循序漸進的方式做調整，比如說一次只提出一、兩件事情去微調，並一步一步調到你期待的方式，也是一種模式。

但是如果婆家無法溝通，且你也不想要再繼續下去，讓自己心裡不平衡、累積怨恨，就須堅定地表明自己的立場並調整現狀，才不會在這樣的環境中，讓自己一直不斷累積負面情緒、消耗自己，影響生活狀態。

因為無法溝通，所以我們只能告知，並為我們的告知採取行動，做我們說到也能做到的部分；也可以先跟老公討論，讓老公知道你能做的部分有哪些，其他部分是否能由他去協調告知。或是如果沒有辦法溝通的話，也可以參考下列的方式，去告知婆家人，你未來會如何調整。

1 溫柔堅定地表明立場

⇒ **例如**：我因為＿＿＿＿（什麼原因），沒有辦法再繼續做＿＿＿＿（哪些家務），我可以協助＿＿＿＿（到什麼時候）／＿＿＿＿（什麼部分），之後／其他部分，請大家去協調。

2 直接告知你會採取的作法

⇒ **例如**：我之後／＿＿＿＿（什麼時候），沒有辦法再繼續做＿＿＿＿（哪些家務），請大家之後去分擔協調。

如果同住在一個屋簷下，無法彼此尊重、體諒，且這已經嚴重影響你的心情，那麼我們也只能做到各過各的生活，並放下對彼此的期待、過好自己的日子，等自己能有足夠的力量後，再搬出婆家。在此之前，先選擇讓自己心情比較好過的方式去生活，而不是一定要滿足大家的模式。

很多時候，面對婆家問題，聽到不少老公會說「你就不要理他」，或是「不要聽他的就好了」，但是被好媳婦的角色框架住的我們，或是覺得媳婦要怎麼樣做才是對的我們，把自己框架住了，有時候是我們讓自己受苦了。

因此我們應選擇先照顧好自己的需求，而不是他人的需求，與其期待別人來體諒自己、為自己付出，不如先回到自己身上，體諒自己、照顧自己，才能夠過好自己的婚姻與日子。

怎麼做婆婆都不滿意

芝言因為與婆婆同住，在長期以來的相處下，累積了許多的壓力，且精神狀況十分疲憊，讓芝言再也不想要繼續這樣下去，而進到諮商室裡尋求協助。

「從結婚到現在已經兩年了，在這兩年裡，我不管怎麼努力，怎麼做，婆婆都有意見，像是煮飯要怎麼煮、菜要怎麼炒、衣服要怎麼晾、怎麼洗，哪些手洗、哪些分開洗，他的意見，我也都努力調整配合。因為如果不照他的方法，他就會碎碎念，甚至跑去跟老公抱怨，我都教不來。」芝言越說情緒越低落。

「尤其孩子出生後，婆婆的行為變得更誇張，孩子怎麼帶，他有意見就算了，只要孩子一哭，他就跑進房間看孩子，在那邊指手畫腳要我怎麼照顧孩子才對，說我連孩子都照顧不好，我覺得我怎麼做都不對，不管什麼他都對我不滿意，我覺得受夠了……。」芝言哽咽地掉下了眼淚。

 ## 聽聽心理師怎麼說

身為媳婦，不管怎麼做、怎麼努力，都無法得到婆婆的滿意，且又同住一個屋簷下，每天面對婆婆時，就是一股壓力，因為每天都要擔心，自己哪邊又不符合婆婆的期待，讓婆婆不滿意，或是婆婆會因為不滿意，而出現哪些行為來影響你。

如果你也跟芝言有相似的處境，不管怎麼做，婆婆都不滿意，且會要求你照他的方式去做，或是對你極盡挑剔，甚至還會因此跑去跟你老公抱怨，引發你們夫妻相處的問題。面對以上狀況，除了讓我們感受到處處被檢視，累積了極大的壓力，也會讓我們覺得面對婆婆，永遠沒辦法做好媳婦這個角色，並讓婆婆滿意⋯⋯。

　　然而為了讓婆婆滿意的想法跟做法，會讓我們產生許多的挫折，也會讓我們把做事的掌控權交到他人手上，而忽略了自己的想法跟感受。但如果一直為了要達到讓婆婆滿意的標準，好讓他可以不再對我們指手畫腳；卻在努力的過程當中，發現無論如何都達不到時，只要常處在這樣的狀況下，就會讓我們對自己產生自我懷疑。

　　你會想要把自己的自我價值，建立在婆婆的認可上嗎？如果你不管做得再好，婆婆都不滿意，或是婆婆期待的標準，你永遠都達不到，你還確定要為了這種虛無飄渺的認可，繼續這樣下去嗎？

為何婆婆會不滿意

　　或許可以花一些時間整理，你與婆婆的關係，也讓我們去思考，婆婆常常挑剔、不滿意的行為，是否能夠有些調整或改變，還是完全沒有任何轉變的可能？

為何婆婆會不滿意？

1　本質上就不喜歡你（不喜歡你的話，不管你怎麼努力，他都不會感到滿意）。

2　對媳婦要求較高（可能婆婆過去就是這樣被要求，或是對媳婦有較高的期待）。

3　個性強勢，任何事都要照他的方式（凡事都要別人配合他）。

4 覺得他的方式才是對的（覺得自己的方式才是對的，無法接納不同的意見）。

5 覺得你在他家、你是他媳婦，就是要聽他的話（權力的議題，擺出婆婆的姿態）。

如果因為婆婆就是不喜歡你，那麼不管你多努力，都不會得到他的肯定跟滿意，因為他總是會找到理由來挑剔你。但如果是因為其他原因，或許還是有機會可以調整。但是你會發現，調整起來也不太容易，畢竟要你為了達到婆婆的滿意，做到完全配合、百依百順，放掉自己的期待跟想法的地步，會是你想要的人生嗎？

 ## 你不需要讓婆婆滿意

面對婆婆的不滿意，以及因為不滿意而引發的行為，我們一定要滿足婆婆的期待嗎？

「其實我們不需要讓婆婆滿意呀！」

或許聽到這樣的一句話，有些人會說，如果不讓婆婆滿意，我好像就不是個好媳婦了；如果不讓他滿意，他會怎麼看待我呢？他會不會在外面批評我，或是在背後說我的壞話？但是如果不論你怎麼做，他都不滿意、他還是會有這些行為，此時你又該怎麼辦呢？

為什麼你會想要得到婆婆的滿意？如果真的讓婆婆滿意了，這對你來說代表什麼意義呢？可以獲得婆婆的喜歡、認可？婆婆會對自己好一點？覺得自己有扮演好媳婦的角色？為什麼你的好壞跟價值要交由婆婆來決定呢？

如果婆婆就是習慣用這樣的模式來要求你，會不會不管你怎麼做，即便他滿意了，也會被視為理所當然，下次再給你其他的要求呢？會不會以後要求越多、標準越高？

當我們把眼光放在婆婆身上，一直希望他可以滿意、不再挑剔時，其實我們也在忽略我們自己，我們只是一直在想辦法達到婆婆的滿意，而消耗自己的身心狀態。

放下對於婆婆的這些期待吧，不滿意也沒關係，其實當個壞媳婦也挺好的，可以做自己、照自己的方式生活，被念就被念吧，因為你努力去做也會被念、不做也會被念，既然都是不好的結果，那何不停止這樣的努力，並將注意力放回到自己身上，好好愛自己、照顧自己呢？

 ## 你的老公夠不夠給力

當婆媳問題來臨時，其實也在考驗老公是不是一個神隊友的時刻，面對婆婆的不滿意，不妨試著將碰到的這些狀況，好好地整理，並跟老公表達你的想法跟感受。因為這也在考驗你的老公是不是夠有肩膀、能夠與你站同一陣線，甚至為你挺身而出，去面對跟協調這些狀況。

避免因為你沒有讓婆婆滿意，而讓婆婆去向老公抱怨，不如先將你碰到的狀況跟困擾，好好地跟老公表達吧。

花些時間去整理，面對這些事情的感受

1 **讓婆婆不滿意的事件是？**

⇒ 例如：婆婆對你煮的晚餐菜色不滿意，直接數落你。

2 **你有什麼樣的心情？**

⇒ 例如：覺得很委屈。

3 **對於這個心情的想法？**

⇒ 例如：委屈什麼？你已經照婆婆的要求努力去調整了，但是他還是不滿意，讓你覺得很委屈，你不知道還能怎麼做，才能夠讓婆婆滿意，並不再挑剔。

為了能夠幫助你跟老公有良好的溝通，可以先將自己的感受做些整理，然後用柔性的方式去表達，避免讓老公感受到，你只是在控訴他媽媽的行為，如此一來，老公比較能夠聽進去你說的話，並針對該事件去進行討論與溝通；同時也才能避免讓討論淪為情緒性的抱怨跟指責，而讓老公因為你的情緒想要遠離你，或是迴避你的情緒。如果你的老公可以理解你的難處跟感受的話，他也比較能夠願意跟你一起去面對。

　　你也可以去觀察，當你跟老公溝通這些狀況時，老公的反應與應對方式。他是不是能夠去意識到，夫妻才是一體，如果要共同經營婚姻，他必須跟你站在一起，彼此相互支持，才能夠去面對婚姻裡的困難。即便引發困難的人是他媽媽，他是不是願意為你挺身而出，試著找出解決的方法，而不是讓你陷在這些難處之中。

　　還是他是轉身跟他的媽媽站在一起，要你去做到那些媳婦該做的事情，如果是的話，你可能永遠都無法擺脫婆婆的不滿意，且你也只能夠為你自己挺身而出，由你自己幫自己站出來，放下想要讓婆婆滿意的期待。就當個不符合婆婆期待的媳婦，在婆婆面前黑化就黑化吧，或許如此，還能比較輕鬆自在。

遇到毒姑怎麼辦？

姑婆媳關係：如何與婆家相處

「巫婆自己對我愛挑剔、愛鑽牛角尖，每次毒姑回來時，巫婆就跟毒姑亂告狀跟抱怨，結果毒姑說他很明理、會分對錯，但是他都只聽巫婆在那邊單方面地說，然後還因此去問我老公，說我怎麼對巫婆這樣？然後老公來告訴我。巫婆是他母親，有委屈可以跟毒姑哭訴，但我受委屈只能自己忍住。為什麼毒姑不搞清楚狀況，就在亂責怪、搞破壞？甚至有一次巫婆跟毒姑告狀後，結果毒姑竟然跟公公說我是雙面人。每次毒姑一回來，就跟巫婆把家裡搞得烏煙瘴氣，讓我變得裡外不是人⋯⋯。」逸萱因為婆婆與小姑的相處，累積了許多的情緒，在諮商室裡激動地說著。

「兩個小姑都已經嫁出去了，但是跟公婆家住得很近，所以他們幾乎天天都跑回來吃晚餐。每次晚餐後都不幫忙，所有的碗盤都要我洗，他們就只是回來享受，他們想吃什麼就要我幫他們煮；想吃水果，也要我去幫他們削；要吃宵夜或是甜點，還要叫我出去幫他們買，然後錢也不會出，還要我自己付。我每天上班都很累了，回來還要像僕人一樣伺候一群小姑，真的讓人很生氣⋯⋯。」雅晴氣憤地說著，因為長期與小姑的互動，累積了許多不滿。

「我之前跟公婆同住，那時小姑還沒有結婚，還住在公婆家中。他時常沒經過我的同意，就到我的房間隨意地拿我的東西去用，我跟婆婆反應後，婆婆竟然說：『借他用一下會怎樣！』，後來我只要一離開房間就鎖門，然後小姑還說我這麼小氣。而且小姑說話很直接、傷人，

從來都不顧慮別人感受，想幹嘛就幹嘛，我真的是受夠了……。」秀秀因為小姑的行為，而感到不開心。

 ## 聽聽心理師怎麼說

不知上述的情況是否讓你感到熟悉，這也是許多媳婦在面對毒姑問題時，很常碰到的情況。如果說婆媳問題是大部分的媳婦在婚姻中，最擔心、害怕的部分，則毒姑問題，就是第二項讓媳婦們害怕的部分了。

且如果你有婆媳的問題，通常也會有毒姑的問題。為什麼這麼說呢？從上面的例子，我們不難看出端倪，毒姑的問題，有很大的部分是婆婆縱容出來的，如果你的婆婆不太好相處，通常你的大、小姑也不會太好相處，畢竟他們是一家人，個性、想法、處理事情的模式、態度，也不會有太大的差異。就像上述秀秀的例子，小姑私自拿了嫂嫂的東西，婆婆覺得沒有什麼，對小姑來說，同樣也是不覺得有什麼，才會出現這樣的行為，甚至可能這就是他們家人的習性。

 ## 老公扮演的角色

姑嫂問題，其實就是老公原生家庭問題的延伸，對於新加入的家庭成員媳婦來說，老公在一開始就在這些複雜的關係裡，占了很重要的角色，如何能夠扮演潤滑劑，居中協調去處理這些問題，他才能夠讓身為嫂嫂、弟媳、媳婦的老婆，能夠順利地適應這個家庭。

不管是大姑、小姑也好，其實他們都是老公的手足，與他們相處，也需要適應及磨合，如果可以從老公口中，事先瞭解更多關於大、小姑的資訊，知道他們的個性、習慣，以及他們跟老公的關係如何，也

能夠幫助我們，在與他們相處時，心裡可以先有個底。在相處的過程中，如果碰到各式的狀況，也可以徵詢老公的意見，像是碰到小姑總是未經同意，就進來房間裡亂動東西的這個狀況，該怎麼處理？

當然除了仰賴老公所提供的資訊外，你也需要自己去觀察，理解這個家庭成員彼此間的互動模式，以及大家的個性與習慣，再回到你的身上去思考，面對這些不同的家庭成員，你想要如何去調整與他們相處的距離與模式。

 ## 覺察自己的感受

面對與大、小姑的相處互動，如果感到不舒服時，得先回到自己的身上，去整理自己在意的點是什麼，才能夠跟對方表達清楚，也才能夠跟老公說明，並讓老公瞭解你在意哪些部分。你在意的事情，老公在這個家待了這麼久，可能早已習以為常，當然老公如果可以清楚你的感受及在意的部分，也可以請他去幫你處理，並去跟大、小姑好好地談談。

> **面對與大、小姑相處的問題，可以試著整理自己的內在感受**

1　**大、小姑的什麼行為讓你不舒服？**
　　⇒ **例如**：小姑未經你同意，就進到房間亂拿走你的東西。

2　**當對方這麼做，你的感受是？**
　　⇒ **例如**：生氣，因為覺得不被尊重、界限被侵犯、沒有隱私。

3　**你在意的部分是？**
　　⇒ **例如**：未經過同意進入你的房間？未經過同意拿走你的東西？都很在意？

4 你期待的做法是？

⇒ **例如**：如果需要借用東西，請小姑先告知你。你很樂意借他，只是需要他先問過你。如果你不在家時，請他等你在家時再詢問你，或是請他等你在家時，你再拿給他。

整理上面的感受，並試著跟老公表達；老公理解後，再跟小姑表達。如果小姑只是因為過去家人互動就是如此，以為照著過往跟家人相處的方式與嫂嫂相處就可以了，但是小姑並沒有意識到，自己與嫂嫂可能有不同的生活習慣跟背景。因此在面對這樣的狀況出現時，你需要一開始就表明清楚，告知小姑，你不喜歡別人未經過你的同意，就動你的東西；或是你很樂意借他，但是你希望他可以先告知你；又或是直接跟他說明，你不喜歡別人進你的房間，動你的東西。你需要跟小姑表明清楚，協助他來理解你的界限跟在意的點。

 ## 如何與毒姑相處

大、小姑畢竟是老公的手足，不管是否同住一個屋簷下，總是會免不了有見面、相處時，要能好好相處，就需要先瞭解彼此的差異，才能增進理解，避免衝突的發生。

不少人在面對婆家人時，會因為抱著有沒有被當成自己人或是家人，而帶著高期待在檢視彼此間的互動，也很容易因為未能符合期待，而感到失落與不滿，並在相處的過程中，不斷地放大檢視。因此如何放下這些期待，找到一個讓我們自己感到舒適的位置與距離，是需要好好地思考跟調整的。

與大、小姑相處，你可以

1 觀察與蒐集資訊

先跟老公瞭解大、小姑的個性，以及可能有哪些地雷，並觀察大、小姑在家中與他人的互動模式。

2 彈性調整

隨著對方的個性、態度與互動模式，調整自己應對的狀態。面對不適應與無法調整改變的部分，也不要強迫自己，一定要調整到什麼樣的模式才是好的關係，看清楚哪些可改變與調整，哪些無法改變與調整，也並不是非要變成什麼樣的關係模式不可。

3 放下期待

與大、小姑關係，並不會因為我們的調整與努力，就一定能達到我們期待的樣子，有一部分也需要看對方的意願，放下對他們過高的期待，才能夠用平常心面對他們的回應與對待。

4 接受不同

每個人都有獨特的個性，也並非所有的關係都要是熱絡、親近才是好的關係，有些人的性格天生就比較孤僻或是冷漠，是對方個性使然，並不一定是你做了什麼，所以也需要接受對方就是這樣的個性，別一直往自己身上究責。

5 安放自己

在與大、小姑的相處中，找到讓自己舒適的位置，與自在的相處模式，無法靠近或無法親近的話，就找一個你覺得舒服自在的方式與他們相處。

　　與大、小姑之間的關係，不僅是女人之間的關係，其實也影響著整個家庭的關係。雖然好的關係，能增加家庭的和諧度，也能讓你在與婆家相處時，情感能夠快速增溫與加分，但如果不能達到所謂的好，至少要能和平共處、相安無事，找到一個讓彼此舒服自在的位置吧！

如何與老公的家人相處？

姑婆媳關係：如何與婆家相處

　　逸芳與冠廷交往半年，兩人就決定步入禮堂，但婚後才發現，冠廷的原生家庭與彼此的親戚之間，相處十分緊密，也常常舉辦了各式的活動來聯繫情感，但這樣頻繁的互動，讓逸芳感覺到壓力。

　　「面對老公的家人，跟公婆相處就覺得很有壓力了，因為都還不熟悉，然後還有老公的哥哥跟姊妹，再加上那些親戚，我真的覺得壓力很大，因為嫁進這個家沒多久，跟大家都不熟，每次相處都好緊繃、好小心翼翼，擔心哪裡做不好……，每次聚會後，可能是因為過度緊繃，都覺得好累。如果偶爾一次就算了，但是偏偏頻率高到一個月有兩次的聚會……。」逸芳在諮商室裡悶悶不樂地說著。

　　「面對跟老公家人的相處，讓你有很多的不自在跟壓力，你有把這樣的心情跟老公說嗎？」我問逸芳。

　　「有啊，我有說過啊，可是老公跟我說，大家人都很好，不用擔心，跟我說慢慢習慣就好……。」逸芳無力地說著。

 聽聽心理師怎麼說

　　結婚後，從個人的單身生活，轉變成兩個家庭，甚至是兩個家族的生活，夫妻雙方都需要調整與適應。如何幫助我們的伴侶融入彼此

的家庭與家族，不會是伴侶個人的事，身為另一半的我們，也扮演著重要的角色，有責任與義務，來幫助伴侶認識，並融入我們的家庭與家族。

如果能幫助你的伴侶好好地融入與適應你的家庭與家族，也能夠減少因為這些關係互動的不順，所引發的不愉快與壓力，進而影響到兩人的婚姻生活與互動，在之後的婚姻生活中，也會更加順利與和諧。

逸芳在婚後的生活，因為要適應冠廷家親戚之間，緊密的互動與聯繫，讓逸芳感覺到壓力與疲憊，然而可以看到，冠廷跟逸芳說「慢慢習慣就好」的方式，其實不能幫助逸芳緩解面對一大家子的壓力，反而可能會讓逸芳更感受到不被理解與孤立無援，然而可能冠廷也不知道能夠怎麼做，因此逸芳如何表達自己的狀態與需要，讓冠廷能知道怎麼幫助自己，也是逸芳所需要練習的功課。

 ## 用溝通來避免紛爭

對於新婚後，不管是老婆加入老公的家族，或是老公加入老婆的家族，面對家族裡有新成員的加入，舊成員難免會期待新成員能夠快速地融入，又或是可以快速地熟悉家族，瞭解家族的習慣與文化，且有時候你的伴侶也可能對你有同樣的期待。

然而因為彼此都處於不熟悉的狀況下，所以我們難免會用過去的經驗，邊觀察邊瞭解，來判斷對方的行為跟舉動。然而相信新成員，也會對舊成員抱有期待，期待自己可以被完全的接納或喜歡，所以新成員也會去觀察，舊成員是用什麼樣的方式在對待自己，以及這些對待與互動，帶給我們什麼樣的感受。

因為彼此不熟悉，所以許多的互動，都可能會用猜測的方式來判斷，並用後續的行為、互動來驗證，情況是否符合自己的猜測。但是

猜久了，猜來猜去猜成仇，容易因此累積許多的誤會與紛爭，有時反而會讓事情與關係變得更糟。

因此面對這些互動，最好的方式，是用溝通代替猜測，對於不理解的事，或是感到困惑的事，最好能夠提出來與對方核對，對於彼此互動感到不舒服或是需要調整的地方，也能夠彼此溝通，攤開來討論，才能避免誤會的累積。

在關係的初期，彼此都還在熟悉，所以一開始建立互動與溝通的模式很重要，親戚家人間，很多時候麻煩的產生，都在於一開始不敢表達清楚，或是不好意思拒絕，因為大家都會擔心破壞了關係，或是他人怎麼看待自己，但是如果不能一開始表達清楚，劃好界限，只會讓後續的互動更加的麻煩與混亂。

清楚自己的狀態

新婚後要面對老公家一群不熟悉的親戚家人，不像朋友一樣可以合則來，不合則老死不相往來，老公的親戚與家人是難以避免的關係，因此要去與他們相處跟互動，相信你與對方彼此都會抱著互動上的期待，也因此更容易讓人產生壓力。

但是可以先回到自己的身上去思考，在這些互動當下，讓你感受到不知道該如何相處的是哪部分，當我們能夠去找出，讓我們卡住不順的原因時，也比較能夠找到解決與面對的方法。

如果面對老公的家人與親戚，你不知道要如何與他們相處的話，或許可以先去想想，在哪些部分，讓你不知道要如何與他們相處？以及在哪些狀態下，會讓你感覺到壓力？當我們能夠清楚自己的狀態與原因時，也比較能夠知道該如何去應對。

1 哪些人會讓你不知道該如何與他們相處？

2 那些讓你不知道該如何相處的人，是長輩還是平輩？又或是晚輩？

3 是因為不清楚對方的個性，才讓你不知道要如何拿捏互動？

4 還是不知道要如何回應對方的問題？

5 或是對方說話的方式，讓你感到不舒服或困擾？

6 又或是哪個部分，讓你不知道該如何與他們相處呢？

與情境有關

1 哪些情境會讓你不知道該如何與他們相處或應對？

2 哪些情境會讓你特別的感到不自在？

3 是跟一群人聚在一起時找不到話題？

4 還是當一大群人有長輩在時，會讓你小心翼翼？

5 又或是因為彼此的不熟悉，只能在旁邊晾著或是陪笑？

邀請老公協助

當我們能夠找到互動過程中，讓我們感到困難的部分時，我們也比較能夠知道要從哪邊著手，來調整與面對這樣的狀態，像是上述那些不知道如何相處的部分或是情境，其實都可以尋求老公協助。

不妨多問問老公，關於不同的親戚與家人，老公對對方的理解與觀察是什麼，多去瞭解對方的個性、脾氣、互動模式，而自己也需要多觀察，才比較能夠知道如何跟對方相處，以及當面對需要溝通的狀況時，也可以問問老公，可以用什麼樣的方式與對方溝通會比較好。

像是如果你每次面對某個親戚，都找不到話題的話，就可以問問老公，關於跟對方的互動，什麼樣的話題會比較合適？又或是某個親

戚的問話方式，讓你感到不舒服，可以談談讓你感到不舒服的感受，也試著去瞭解，是因為對方的個性及說話方式就這樣嗎？有什麼好的應對方式？也可以問問老公，他都是怎麼樣去應對的？相信你的老公，在面對這些親戚家人時，已經有比你更多更豐富的經驗，有時候跟伴侶尋求協助，會比自己一個人去應對，更能找到方法解決。

找到讓自己安適的方式

　　對於不擅交際的人來說，與一堆不熟的親戚家人相處，簡直是種煎熬，因此可以去思考，在這樣的場合下，怎麼做可以讓自己感覺到好一點？什麼樣的互動模式，是可以讓你感覺到比較自在與舒適？這也是我們可以去為自己思考跟調整的部分。

1 調整想法

有時換個心情去想，這種場合不會天天上演，只是我們生活中短暫的時刻，因此在面對這些相處的時刻，就好好地去應對，時間到就結束了，我們還是可以好好地回去過我們舒服自在的日子，或許就不會讓你感到那麼痛苦跟難熬。

如果覺得自己的狀態不好，不想面對的話，也能夠找個理由，拒絕這次的聚會；等你覺得狀態好，能夠好好應付這樣的場合時再出席，也是可以的事。

2 熟悉的對象

在這些親戚與家人之間，可以在面對這樣的場合時，先去找到讓你感到熟悉的對象，這樣當身旁除了老公之外，或是當老公無法兼顧陪伴你時，還有其他熟悉的對象，至少會讓你感到比較安心。

3 喘息的空間

在無法避免需要與親戚家人相處時，找到一個可以讓自己喘息的空間或是小角落，當你覺得累時，或是心情受到影響起伏時，可以在這個空間裡，讓自己好好地待一下，放空發呆也好、滑手機轉移注意力也好，調整一下自己的狀態。

 ## 給夫妻雙方的提醒

身為另一半，也需要切忌，當我們跟某位親戚家人較處得來時，別要求或期待伴侶可以跟你達到一樣的狀態，或是當對方跟你表達他相處上的困難時，別回應你的伴侶：「習慣就好」，或是跟對方說：「你太擔心了」、「你太多慮了」，如此只會讓伴侶感到孤立無援。

你的伴侶並沒有你過去跟親戚、家人相處的愉快經驗跟感受，所以需要多一點的時間與空間來調整跟適應，放下對於伴侶一定要跟你的親戚家人有什麼樣相處模式才是好模式的期待，尊重伴侶的意願，以及讓對方有自己的步調跟狀態。我們能在對方需要時，提供不同的建議與支持、協助，就是對伴侶最好的幫助了。

在與這些親戚家人互動時，你可以不必一定要都與他們一樣的熱絡，或是一定要符合他們的期待，至少做到基本的互相尊重。不勉強自己，讓自己有多一點的彈性與空間，當你感到尷尬不自在，或是不舒服時，找到讓自己比較安適的方式，能夠依照你自己的步調，調整與他們的相處模式，就不會有種不得不及被迫的感覺。

如何跟婆家劃界限

　　小雅結婚四年了，老公是家中的老么，因為經濟因素與婆家人同住在一起，剛嫁進來時，為了維持好媳婦的角色，也為了能夠在婆家跟一大家的人相處，小雅努力想要獲得大家的喜歡，會在家中盡量分擔家務，有任何事情也盡量給予協助，久而久之，許多事情婆婆都會找小雅幫忙。

　　兩年後大嫂也嫁了進來，同住在一個屋簷下，婆婆有時候叫大嫂幫忙做事時，大嫂不會每次都接受，有時候會拒絕，或是說自己沒空，久而久之，婆婆就不太叫大嫂做事，通通都叫小雅幫忙，也因此讓小雅心裡覺得很不平衡。

　　「我覺得不公平，同樣都是住在一個屋簷下，都是這個家的媳婦，大嫂他什麼事都不願意做，婆婆也不會說什麼，那為什麼都要叫我做？有時候婆婆還說：『你比較聽話，你就幫忙一下』，難道聽話的人比較倒楣嗎？」小雅生氣地說著。

 ## 聽聽心理師怎麼說

　　「聽話的人真的比較倒楣嗎？」你是否也有跟小雅有著同樣的心聲呢？然而不可否認，聽話的人真的比較倒楣，因為你叫的動，都是你在配合別人，也會讓別人覺得你可以，久而久之，他人就覺得可以用這樣的方式對待你。

我們可以看到，小雅因為嫁進夫家，且老公是家中的么子，面對一大家子不熟悉的人，為了能夠在這個家生存下去，用討好的方式來面對這些新的家人，努力呈現出好媳婦的樣子，來幫自己融入這個家，並獲得他人的喜愛，卻也因此讓大家習慣用這樣的模式來對待他。

或許過去小雅這麼做，心甘情願，但是現在有新的成員加入了，小雅希望可以被公平地對待，因此小雅也需要重新去調整，與夫家的互動模式跟界限。

 ## 什麼是界限？

界限是我們在與他人互動時，我們允許別人可以如何對待我們，我們會怎麼對待、回應別人的人際分界限。

界限是我們每個人在心理上能夠接受的極限。超過某個特定的範圍，就會有一種被勉強、逼迫的感覺。而界限的設立，是為了保護我們的情緒，當我們在情緒與心理上，建立不可逾越的底線，任何人都不能輕易地侵犯你。

如果沒有為自己設立界限，讓大家可以隨意地對待你，那你可能會碰到下列的狀況。

1 大家都來麻煩你。
2 付出被當成理所當然。
3 你不做，就是你的錯。
4 滿腹委屈還不能拒絕。

就像小雅一樣，一開始選擇用討好的方式去與婆家人互動，未能清楚地表達出自己的界限，久了之後，他的付出被視為理所當然，最後婆婆什麼都找小雅，也讓小雅累積了許多的負面情緒。

所以當我們沒為自己設立界限，而造成讓我們不舒服的互動模式，我們也需要負一半的責任，因為別人會這樣對你，都是你教的、你縱容累積出來的結果。

清楚自己的界限在哪裡

所以不妨花些時間來思考，面對婆家，在與婆家人相處互動的過程中，有哪些是你在意的部分？哪些是你不想要被勉強的部分？以及在婆家與你的婚姻關係中，哪些事情你不想要被干涉？這些你在意、會影響到你心情的部分，就是你的界限。

當我們能清楚自己的界限在哪裡時，才不會因為對自己的不瞭解，在意的事情未能當下有所察覺，事過境遷才發現自己被觸犯了，讓我們被引發莫名的情緒。而這些事件，在未來如果沒有被好好處理，讓這些負面情緒不斷的累積、疊加，也會因而影響到我們的婚姻關係及身心狀態。

如果你不太清楚該如何思考與整理自己的界限，可以參考下列的方向。

1 與婆家人的互動模式（如何稱呼你？如何對待你？等等）。
2 日常生活習慣（進房間要敲門、馬桶蓋掀不掀等等）。
3 家務分配（哪些家務由你負責？哪些部分想重新調整？等等）。
4 夫妻關係互動模式（夫妻間的互動模式是否會被干涉？或是被要求對另一半配合、退讓？）。
5 孩子教養（教養的部分，哪些是你在意的？管教、養育上的差異等等）。
6 費用支出（家中開銷怎麼分擔？是否要給孝親費等等）。

為自己的界限負責

當我們要為自己建立界限時，一定會有損失的部分，要設好自己的界限，又要對方很愉快接受，基本上不太可能。

也因此一開始通常會不太順利，因為別人不太能夠立刻接受你的改變，也會不習慣你的改變。如果過去他人已經把這樣的模式視為理所當然，或認為是你應該的部分，那麼在調整的前期，彼此都會有點痛苦，對方可能也會因此而有情緒被引發，但是你自己要清楚知道，什麼是你在意的事，以及什麼才是對你來說值得的。

當我們能夠擁有我們的界限，才能夠在界限中，感受到控制感與自由，因為你可以決定要用什麼樣的模式去與他人互動，哪些是你能接受、哪些是你想去堅持與維護的部分，這樣在界限中，你也會感覺到安全感。

界限也在幫助我們，避免關係崩壞。當界限被侵犯，我們選擇忍耐時，其實是在累積我們的負面情緒，也會在心中埋怨他人對待我們的方式。但是當我們沒有為自己開口，累積到受不了而爆發時，對方也會因此覺得莫名其妙，反而為關係帶來毀滅性的傷害，因此如何在一開始界限被侵犯時，就為自己去表達，才能夠幫助自己維護自在且想要的關係。

如果我們表達了，但是別人還是侵犯，就代表別人不懂得尊重他人，而這樣的關係要如何維持，也需要你去思考，是否要讓這樣的有害關係，繼續留在你的生活中，或是這樣的關係如果無法避免，又該如何保持距離，以降低影響自己的可能性。

但是如果你沒有為自己表達，就去怪罪他人，其實你自己也需要負上很大的責任。當我們開始表達時，也在幫助對方認識我們、瞭解

我們，知道我們想要用什麼樣的方式，被對待與互動，如此才能擁有健康、愉快的關係。

 ## 循序漸進的練習

當你決定要開始維護、捍衛自己的界限時，代表你已經為自己下了決心，但需要先有心理預備。可能一開始不太容易，但我們可以用和緩的方式，來幫助自己循序漸進地達到想要的結果。

當我們在劃界限時，也代表他人與我們都要做出改變，但大部分的人對於改變都是抗拒的，因此從一些比較沒有太大威脅性的小改變去做嘗試，也能幫助我們一步一步地往大改變邁進。

1 列出你想要劃界限的清單，由簡單到困難去排序。
2 挑選你覺得較簡單、容易做到，或是對關係沒有太大殺傷力的部分先去練習。
3 不要逼迫自己一定要每次都能做到，可以慢慢增加頻率。
4 當你覺得清單裡的一件事項，已經可以練習到順手時，再進行下一件的練習，循序漸進往困難的事項邁進。

在與他人劃界限時，有時候沒辦法馬上做到也沒關係，畢竟要劃界限本來就不是一件容易的事情。一個新的習慣養成，也需要三到六個月的時間，才能讓它成為我們的一部分，但只要我們願意跨出這一步，就能慢慢地往我們想要的互動關係模式前進。

外遇

Chapter 4

::: 外遇是危機更是轉機 :::

外遇無所不在

外遇：外遇是危機更是轉機

　　如如是一位三歲孩子的媽媽，他表示自從孩子出生後，老公的工作越來越忙，不只早出晚歸，還常常有許多應酬和出差的行程。一開始如如體諒老公的辛苦，把所有養育孩子的重擔放在自己身上，甚至也辭去自己最愛的工作，然而時間一天一天過去，如如發現老公越來越不對勁，忙於工作就算了，手機經常不接，人也常常消失不見，最後在朋友的朋友口中，輾轉得知自己的老公和辦公室的女同事走得非常靠近，如如的世界隨之崩塌，他認為自己犧牲了全部來成就這個家庭，結果老公竟然外遇，如如在諮商室幾乎用盡全力嘶吼著說。

　　然而在和老公諮商後發現，其實老公和女同事是因為負責同一個案件開發，所以才走得比較近。在誤會解開後，如如的心中終於放下大石頭，但也有另一個聲音出現，為何老公常常不在家總是把工作排的滿檔，彷彿工作才是老婆一樣，覺得老公每分每秒都離不開工作。

 ## 聽聽心理師怎麼說

　　提到外遇，一般大眾所認知的外遇是，另一半肉體出軌或是精神出軌，然而你知道外遇的對象其實並不只局限於人嗎？在廣義的外遇中，其實外遇包含很大的範圍，有的人花了所有的時間、精力在工作上，跟工作外遇了；有的人則是將所有心力投注在興趣上，跟興趣外遇了。

雖然如如的婚姻中，並沒有我們世俗所謂的小三存在，但如如老公長期投入於工作而在家庭中缺席，其實也對婚姻及家庭造成不小的影響，甚至傷害。而在諮商的過程中，如如的老公其實也回應了，看到如如因為育兒將時間全部投入在孩子身上，並忽略自己，所以心想不如將時間花在工作上，好好努力賺錢。如如對於育兒的投入，也忽略了夫妻關係，將心力全都花在育兒上，忽略了夫妻間的關係需要經營，其實也是種外遇，所以簡而言之，外遇其實就是另一半未將心力放在經營夫妻關係，且將絕大多數的注意力轉移到其他的人事物上。

外遇的心理狀態

當外遇發生時，其實是種警訊，代表兩人的婚姻關係出現了問題，並沒有好好面對、解決跟處理，反而透過人或事物來逃避、轉移自己的注意力，或是尋求其他的精神支持。外遇的發生，其實雙方都需要負責，因為是兩人的互動造成了這樣的局面。

在這網路發達、交友軟體盛行的時代，誘惑無所不在，當一個人內心空虛寂寞，不管是男生或女生都很容易被趁虛而入，尤其在面對家庭現實和責任的壓力下，很容易讓人將注意力轉移到各式看似美好的新關係或是舊情上，而不自覺深陷其中。

常常很多人會好奇，明明看似幸福美滿的婚姻，卻還是有外遇的可能，到底發生了什麼事？外遇的人，到底是什麼心態呢？

1 享受戀愛的感覺（在婚姻中感受不到愛，透過外遇來滿足戀愛的感覺）。
2 覺得找到真愛（誤以為有心跳加速等生理喚起，才是所謂的真愛）。
3 喜歡新鮮感、刺激（覺得生活、婚姻平淡無奇，需要新鮮感與刺激）。
4 婚姻未被滿足的需求（在婚姻中期待被愛、被肯定……等需求未被滿足）。

5 內心空虛寂寞（在婚姻中未被滿足，或不知道自己要的是什麼，而感覺到孤單寂寞）。

6 逃避婚姻壓力（婚姻中的問題無法解決、無法溝通，也不想面對）。

外遇的心理狀態所影響的層面

外遇不僅代表著我們的婚姻狀況發生了問題，某方面也代表著我們的個人議題，是什麼讓我們沒辦法回到婚姻關係中，去面對伴侶及好好解決兩人的問題，透過婚姻關係來滿足自我的需求，而要透過其他的方式來滿足與應對。這樣的模式，其實也會影響到我們其他方面的生活狀態。

例如：在婚姻中感受不到自己想要被愛的感覺，認為外遇的對象給自己想要的愛，自己找到了真愛；背後的議題可能是沒辦法珍惜現有的感情，好好的去經營長期親密關係，面對關係中的困難；或者把愛情裡的激情當成真愛，然而隨著時間流逝，激情不再，就認為另一半不是自己的真愛。而這樣的狀態其實還會推延到生活其他方面，例如：工作方面，覺得現在工作不是自己的最愛，一直在外找尋自己最愛、最適合的工作，導致無法好好投入於現有的工作，總是在騎驢找馬，不斷地找尋，或是羨慕他人得到自己想要的。

如果發現自己有這樣的狀況，我們能如何幫助自己呢？

1 提升自我覺察

⇒ **例如：** 婚姻中哪些狀態讓你不滿足，或是讓你感到不滿意？

2 看見自己深層的內在需要

⇒ **例如：** 渴望一直被重視、被愛的感覺。

3 自己找到方法或和伴侶討論

⇒ **例如：** 怎麼樣的相處方式，可以讓你感受到被重視、被愛。

4 尋求專業幫忙

⇒ **例如**：尋求諮商協助彼此找到相處的模式，重拾被愛的感覺，並學會經營關係。

 ## 關係經營

除了本身自己的議題，可能導致外遇情況的發生，其實另外很重要的預防外遇方法，是培養關係的親密度，一對熱戀中的情侶，此時的關係是熱情且充滿新鮮感的，迫不及待地想要更加瞭解彼此，但隨著時間的流逝，激情的減退，慢慢會昇華另外一個層次，成為彼此瞭解，相互支持與信任的伴侶，這樣的關係不只是療癒自己的重要途徑，更是預防外遇的重要地基。

要怎麼共創互為療癒的伴侶關係呢？可以好好的重新回到兩人關係去思考下列問題

1 各自的需求有被看見、瞭解和滿足嗎？

2 婚姻關係有好好經營嗎？特別是孩子出生之後。

3 從單身到進入家庭，有長出面對家庭的責任感嗎？

4 有衝突與差異時，是否有找到彼此能接受的方式？

5 當過去伴侶身上讓自己喜歡的特質，變成厭惡時，有好好處理嗎？

6 平時的溝通順暢嗎？是否有定期分享彼此的想法與感受？

7 對於忠誠和外遇，你的價值觀是什麼呢？

 ## 保持距離

外遇的機會無所不在，是否能夠學會避嫌，避免不必要的單獨相處，是很重要的環節，因為很多外遇是從一杯咖啡、一頓飯開始，所

以保持距離才能以策安全，維持人和人之間的安全界限。如何婉拒別人的殷勤，也是我們需要學習的功課，有時對方主動黏過來，那也是因為沒有學會拒絕，並表達自己的界限與態度，才會讓對方不斷越界。

好好自我覺察及成長，也努力經營彼此的關係，避開影響婚姻的不必要麻煩與陷入外遇的可能，該努力的都努力，再來就是好好過生活、享受當下，不管未來如何，我們也無法確切知道未來會如何，但至少自己盡力，對得起自己，也對得起這段關係，未來不管是長相廝守，或者各奔東西，最重要的還是要好好愛自己、善待自己，因為唯有你自己才是陪伴自己一輩子的人。

當自己能好好愛自己並善待自己，相信也能好好愛他人並善待他人，我想這樣的人沒有人會想離開，但如果不幸遇到渣男或渣女，請趕快逃開，一定要相信和知道你自己的好，找個懂得珍惜你的人。

婚前婚後差很大

外遇：外遇是危機更是轉機

雲雲和亦辰婚前如膠似漆，只要是雲雲想要的東西或想做的事情，亦辰無不支持並滿足雲雲，且如果雙方出現了爭執，也一定是亦辰先低頭認錯，這些種種讓雲雲認定亦辰就是他的真命天子，且亦辰的家人也對雲雲十分客氣和尊重，因此很快地兩個人在交往一年後步入禮堂，成為夫妻。

然而婚後的生活卻讓雲雲驚嚇萬分，原本對自己無欲無求的亦辰，當身分轉換成老公後，開始指揮雲雲做家事，當雲雲說你以前也會做，怎麼現在都要我做，亦辰只是冷冷回他說：「我媽說女人結婚本來就是要照顧家庭。」氣得雲雲不知道要回應什麼。

更讓雲雲不能接受的是，原本婚前客客氣氣的婆婆，婚後態度也是一百八十度轉變，不只要雲雲學初一十五怎麼拜拜，還有不同節日需要準備什麼東西，但是雲雲是基督教家庭長大的小孩，他的觀念是不能拿香，也不能拜偶像，然而婆家才不管這麼多，說嫁進來就是我們家的人，死也是我們家的鬼。這一切的驟變都讓雲雲無法接受，甚至幾近崩潰，因此走進諮商室。

 聽聽心理師怎麼說

有人說戀愛會蒙蔽我們的大腦，確實是如此，因為當我們戀愛時，腦中會產生多種激素作用，這種大腦機制跟上癮的狀況很像，你會像

陷入無可自拔的狀態中，眼裡看見的都是對方的好，甚至是自我的想像，並且屏蔽掉不想看到的部分，就算旁人怎麼勸說，或你其實有些微感受到不對的狀況，仍然會自我催眠，認為對方的一切都是這麼完美，這樣的狀態大概會持續六個月到三年不等。

如果在這個階段進入婚姻，雖然看似甜蜜美好，但也有些我們需要注意的地方，像是雲雲，原本在熱戀期看到的亦辰和婆家，結果在結婚後完全變了，如何能避免這樣狀況發生？還有結婚後有哪些部分會改變？我們該如何適應？婚姻真的是愛情的墳墓嗎？而如果你也碰到跟雲雲同樣的狀況又該怎麼辦呢？

婚前多認識、多討論

兩個人在一起時，不管是去約會，還是在社群軟體聊天，其實在一來一往中，都是互相瞭解的過程，觀察對方和自己合不合的來、能不能聊天，彼此間有沒有共同的興趣和嗜好，最重要的是彼此的價值觀有沒有一致，就算沒有完全吻合，那是否有朝相同或相似的方向前進。

例如：有一方不斷自我成長和冒險；但另一方卻覺得現在生活很好，不想有任何改變，如此一來，兩人就不是朝同個方向前進，所以如果兩人硬要在一起，可能會有很多的爭吵，以及對彼此的不滿。

然而以上這些情況，我們都會因為熱戀的關係，要不是努力變成對方喜歡的樣子，就是把對方想像成自己喜歡的樣子，導致我們在愛情的虛實之間難以捉摸，因此以下建議是在婚前，一定要去討論的方向，互相瞭解，才能知道彼此到底適不適合進入婚姻。

1. 瞭解彼此的價值觀

   兩個人能否好好過下去，和彼此對人、事、物的價值觀有非常大的關係，一件事兩個人各是怎麼想，就算不一樣，能否互相聆聽和尊重，然後做出彼此都能接受的決定。

2. 有爭執會怎麼處理

   當有爭執發生，兩個人能否好好溝通，不是誰一定要聽誰的權力鬥爭，而是可以好好針對事情討論。在婚前先有一套處理爭執的方式，例如：約定好當某一方先道歉，雙方就要停止互相傷害的情緒語言，就事論事、心平氣和地好好討論，如果能在婚前有此默契，會大大減少婚後爭吵的殺傷力。

3. 對家庭的想像

   討論對家庭的想像，在我們自己的小家庭中，對老公、老婆，甚至是小孩角色的期待和責任是什麼？哪些事情想法一致可以保留，哪些不一樣需要調整？例如：老公對老婆期待是做完家裡所有家事，但老婆也有自己的事業和理想要忙碌，沒有那麼多的時間。雙方就需要討論該怎麼應對，是夫妻間互相幫忙，還是定時請打掃人員。

4. 各自原生家庭的觀察

   原生家庭對一個人的行為、情緒和價值觀影響甚大，在婚前可以多去對方家庭走走，觀察對方父母的相處模式，以及家庭氣氛與說話方式，如此一來也是在觀察自己適不適合跟對方在一起。另一方面，有些人是獨生子女，此時婚後需不需要住在一起、你自己願不願意，也是需要好好討論的。

5. 用錢的態度，以及財務的規劃

   婚後柴米油鹽醬醋茶，很多地方都需要用到錢，彼此用錢態度，如何達成共識，是可以在婚前先討論好，免得其中一方在被迫要求，與付出較多的情況下，進而讓負面情緒日積月累，導致心生不平，最終成為婚姻的裂痕。

婚後是愛情的墳墓？

結婚後，從單一男女朋友的角色，擴增到老公、老婆、女婿、媳婦、姨丈、舅媽等，甚至是爸爸媽媽的角色，開始有很多人對於我們身上不同的角色，賦予各式的期待和責任，甚至是情緒。

當初戀愛的單純美好，一下子複雜許多，甚至彼此早已不是當初的那個人，而變得不太自在，以下討論是有哪些事婚後可能會改變，以及我們該如何應對。

1 熱情不再

兩個人在一起久了，自然會對另一半的激情會慢慢遞減，但如果能好好溝通、經營，兩人的親密感會慢慢提升，進而昇華到另外一種愛情的境界。

2 婚後變節儉

結婚後確實有較多現實問題需要考量，如果還有孩子要養育，對於金錢的規劃，也會開始變得比較謹慎和小心。雖然要顧慮現實，但也別忘記在婚姻家庭中需要有所經營，適度的花費能讓生活更多采多姿，也能為關係增溫。例如：旅遊、慶生和餐廳吃飯等。

3 親戚的壓力

結婚後因為角色稱謂的改變，我們會開始對人有角色的期待，而在處理自己對別人的期待時，要常提醒自己應卸除角色標籤，從一個人的角度好好去跟對方相處，共同做出雙方都好的決定；至於在面對別人對自己的角色期待時，如果是自己可以接受的，就好好實行，如果自己不能接受，就要適時劃出界限保護自己，該說不就說不。

4 自己覺得需要盡的責任

我們在婚姻和家庭中糾結，其實最常發生的狀況是自己覺得應該要盡某些責任，但明明心裡很不舒服，又逼著自己去做，久了可能就會造成身心的壓力和疾病，所以清楚自己的立場，且能對自己的所思所想有自信是很重要的。

5 重心放在孩子身上

孩子出生時還小，不免需要大人們的許多照顧，不管是全職主婦、主夫，或者白天上班，晚上照顧小孩，常常都會讓夫妻呈現筋疲力盡的狀態，因此很容易忽略掉另一半的感受，此時就需要雙方互相理解和包容，甚至夫妻要創造兩個人的獨處時間，維持相愛的那份甜蜜和美好。

 婚後持續創造緊密感

婚前婚後雖然可能差異甚大，但記得沒有什麼是理所當然，只有夫妻雙方的共識，彼此想要的婚姻家庭關係和生活是什麼，是可以藉由溝通和討論，變得越來越清楚明白，並往想要的方向邁進。

不管是發現對方對於老婆角色的某些執著，或者和婆家相處的問題，藉由溝通讓對方理解自己的不容易和難處，一起用耐心和愛心，來面對婚姻裡的各種挑戰。

所以不要忘了就算再忙，夫妻的談心時間還是要有，不管是特別約出去的下午茶，還是睡前的幾分鐘，把握時間好好互相更瞭解彼此吧。

孩子來了，愛情走了

　　如芳和老公從學生時代就在一起，兩人好像有說不完的話、聊不完的天，婚後生活也十分愉快，有空就會到處走走旅行，分享大大小小的事情，生活愜意幸福，然而這些美好在孩子出生後就完全改變。

　　「自從有了孩子，老公重心都在孩子身上，也不像過去叫我寶貝，大部分時間都叫我媽媽，跟我聊天的內容也從電影、小說和戲劇等，變成寶寶穿得暖不暖，寶寶有沒有吃飽，寶寶怎樣怎樣的，一切的一切都改變了，我好像是因為寶寶才有價值，我感受不到被老公愛，嗚嗚……。」如芳哭著說。

　　老公一臉無奈地看著如芳，我問老公有什麼想法要說的嗎？

　　「我還是很愛你的啊，我每天工作就是希望能提供你們更好的生活，大部分的時間關心寶寶，是因為寶寶還小，需要照顧啊，我們都是大人，我相信你能好好照顧自己的……。」老公擔心地看著如芳說著。

　　而當如芳聽見老公說出「我們都是大人，相信你能好好照顧自己」這句話後，卻變得更傷心了……。

 聽聽心理師怎麼說

　　許多統計和研究發現，當孩子出生，夫妻的幸福感會慢慢下降，直到孩子離家，夫妻的幸福感才會慢慢回升。

原因很簡單，因為當孩子還小時，需要大人很多的照顧，如果家庭沒有後援，養育新生兒會大幅占據原本夫妻倆的單獨相處時間，導致沒辦法培養感情，甚至有些誤會和爭執，也沒辦法當下處理。

因為寶寶餓了要喝奶，或者大便已經沾滿寶寶全身，需要馬上處理，夫妻兩人的關係就得暫時放下，先以照顧寶寶的需求為優先。

日積月累的摩擦下，加上平時養育孩子的疲累，很容易衝突一觸即發，如果沒有好好修補，夫妻關係會越走越遠，最後雙方只是在完成身為父母的任務，而不是真正享受當父母和建立有愛的家庭，那麼在孩子來了之後，我們該如何繼續經營夫妻間的愛情關係？

夫妻關係最重要

永遠不要忘記良好的夫妻關係，是給孩子最好的禮物，因為家庭的最大基礎，其實就是夫妻間的感情。當夫妻的感情越堅固，孩子會感受到越大的安全感，知道爸爸、媽媽永遠都在，不用擔心誰會消失，或者父母吵架時，要站誰那邊的困難抉擇，而是可以快樂開心當小孩。

身為大人的我們，大部分時間是可以照顧好自己，但在育兒路上有許多說不出口的情緒和脆弱，是很需要另一半看見和理解的，那會讓彼此更靠近，更有力量來照顧自己和孩子，所以要怎麼互相支持，可參考以下建議。

1 先關心另一半

回到家門，不妨先關心主要照顧者的心情，不管是你的老婆，還是你的老公，當他感覺被你重視，情緒被你照顧到，不只對方一整天照顧寶寶的壓力得以抒解，也更能可以和你好好分享寶寶今天發生的事情。

2 看見對方付出

不管是在家照顧小孩，還是出外工作的另一半，其實我們都有各自的辛苦和不容易，而當我們陷入自己的情緒時，很難看見對方的付出，所以更要特別留意另一半的付出，藉此平衡自己心裡的不公平感。

3 分享自己

當然家庭勞務分配不可能完全公平，這時可以適時分享自己的感覺和想法，以不帶任何批評和責備的「我訊息」，請求另一半幫忙，並單純分享和討論，如何改變不滿意的狀況。

⇒ **例如：**老公，我白天照顧小孩時常筋疲力盡，沒什麼時間做家事，你有空可以做一些嗎？還是我們買掃地機器人？或者有其他辦法嗎？

4 盡量以「我們」的角度出發

當夫妻在做任何決定時，最好以「我們」的角度出發，而不是「你應該幫寶寶做什麼」，如此會讓聽到的人，覺得好像照顧寶寶只有自己的責任，如果可以改用「我們可以一起幫寶寶做什麼」的句型來表達，就能讓話語聽起來更有同在、互相的感覺。

 ## 怎麼讓對方感受到愛

常常在關係中會上演，「你要的不是我給的，我給的不一定是你要的」的戲碼，那是因為每個人感受愛與被愛的方式都不太一樣，你覺得幫忙做家事，就是對你展現愛的方式，但其實另一半可能以為對你擁抱和親吻才是，結果越親吻、越擁抱，你更是感到不舒服，甚至破口大罵，你的另一半可能會覺得自己的善意被糟蹋，有種熱臉貼冷屁股的感覺。

所以為了避免類似狀況發生，我們必須瞭解每個人對於感受愛與被愛的方式不一樣，並試著用蓋瑞‧巧門（Gary Chapman）博士提出的愛之語，來幫助我們在日常生活中，觀察哪些是你另一半的愛之語，有機會也跟另一半敞開分享自己的愛之語，讓彼此更瞭解、更相愛。

1 **身體的接觸**

   溫柔的觸摸、擁抱、握手、親吻。

2 **精心的時刻**

   全心關注或全神貫注的注意力。

   ⇒ **例如**：一起約會吃飯。

3 **接受禮物**

   禮物是一種愛的表示，是無條件給予的。

   ⇒ **例如**：一個蛋糕。

4 **服務行動**

   不同的需求，提供愛的服務行動。

   ⇒ **例如**：生病時熬湯。

5 **肯定的語言**

   讚美、鼓勵、肯定、正向引導的話。

   ⇒ **例如**：你這麼在乎我的感受，讓我覺得很溫暖。

 # 維持性福感

　　心理學教授史登柏格（Sternberg）提出的愛情三元素：承諾、親密和激情，是維持完整的愛很重要的三元素，承諾是指願意為關係負責，一起面對未來；親密是指彼此感覺心理很靠近，相知相惜、互相信賴；最後一個是激情指的是生理的激動和興奮，藉由親吻、擁抱和做愛等展現。

　　然而當有小孩後，女性可能因為生產的關係，對於性事慾望大幅減少，甚至會有性交疼痛或性交恐懼等狀況，需要進一步尋求專業協助，就算女性身體恢復良好，根據統計，孩子出生後，女性會把較多

心力放在孩子上，而男性則是放在性事上，這和男女大腦結構不同有關，因此夫妻如何在其中找到平衡，並尋求兩人之間的性福，建議如下。

1 多擁抱和觸摸

性事不只是「生殖器的結合」，皮膚才是最大的性器官，擁抱和撫摸等，也是傳達愛意很重要的方式。

2 建立性事暗語

雖然是很親密的伴侶，但因為文化的關係，性事很難直接說出口，這時可以創造彼此間的暗語。

⇒ **例如**：可以是詢問對方晚上要不要運動，或者說今晚要不要吃肉等發出邀約的訊號。

3 真實說出自己的狀況

有時真的很累或有事情要忙，此時拒絕後，別忘記敞開心胸說明自己的狀況，如此能讓對方因為瞭解而更能同理，進而創造下次的美好性事。

　　確實孩子來了，某些屬於愛情的時間和空間，會被孩子占滿，但這只是人生中的過渡時期，不要太過排斥，就有點像人生必經的過程，有時生命需要先認清和順服，才能在其中創造屬於自己的自由、屬於夫妻倆的愛情，相信經過這場「孩子來了、愛情走了」的階段，夫妻彼此的關係會更加昇華。更重要的是當爸媽後，也不要忘記眼前的另一半，才是你最愛最親密的人喔。

外遇不用分誰的錯

外遇：外遇是危機更是**轉機**

　　美美和阿萬從學生時代就在一起，彼此經歷了許多事情，終於在去年結為連理，但令人料想不到的是，新婚不到一年的時間，阿萬被調到國外，美美原本也想跟著阿萬過去，但最終還是放不下自己的家人、朋友和生活圈而選擇留在國內，日子一天一天地過去，原本無話不談的兩人，因為遠距離和生活圈差異甚大，講電話的時間越來越少，就這樣慢慢彼此之間的談話，只剩睡前的問候和晚安。

　　而在一次的聊天中，美美突然跟阿萬說他喜歡上別人，並要求離婚，但阿萬不肯，故在雙方談不攏的狀況下，走進諮商室尋求能達到雙方平衡的共識。

　　「我聽到美美這麼說時，我當下立刻返回台灣，並且向總公司申調回國，想修補我們的關係，但美美似乎不買單，還是一意孤行要求離婚。」阿萬無奈地說著。

　　「如果你可以早幾年這樣做，我一定會願意跟你努力繼續下去，但是現在一切都來不及，多少個寂寞的夜晚，我都獨自度過，當我需要你時，你不在我身邊，似乎工作跟成就都比我重要，我已經死心了，如果你真有心，真的愛我，前幾年就該這麼做了，或是當初就不應該出國，丟我一個人，而不是等到我受不了了，不想要繼續下去了，才想要來彌補或挽救，已經太遲了……。」美美冷冷地對著阿萬說。

　　「我那麼努力工作，還不是為了你，希望讓你吃好、住好、穿好，想要早點賺夠錢回來陪你，你卻這樣對我……。」阿萬崩潰大叫著說。

「然而這不是我要的……。」美美平靜的說著。

阿萬聽著美美的回應，掉下了眼淚。

 ## 聽聽心理師怎麼說

在關係中，你是否跟美美一樣，有很多經年累月的問題夾在你與另一半之間，好像怎樣都找不到解答或共識，只能任由時間過去再過去，直到有一天某一方爆炸後，才有可能面對、處理，但到時所面對的問題卻已是盤根錯節，難以辨認，而另一半像阿萬一樣，認為自己在做對家庭有意義的事，努力工作賺錢，但最後卻發現自己所付出的，竟不是對方所需要的。

當雙方都不在同一個頻道上時，本該互相支持、陪伴的兩人，變成各自寂寞的個體，此時外遇就很容易成為當事人心中的避風港，出軌就這樣發生了。

外遇的發生，兩人都有責任，因為外遇這件事背後有太多的原因所構成，與兩人的互動環環相扣，早已不只是一個人的問題，而是兩個人的互動累積而來，或是因為整個家庭系統失衡，或其他關係所導致的結果。

或許這段感情早已出現警訊和裂痕，但當我們放著不管，該發生的事情還是會發生，所以外遇發生後，與其去咎責，不如看清楚現在和過去，為彼此做一個最適合的選擇和決定。

 ## 外遇發生怎麼辦

當然每一對在一起的恩愛伴侶，誰想要外遇發生在自己身上，但如果外遇的事已成定局，往往已經很難知道真正的原因了。

如果雙方只是陷在彼此怪罪的狀態中，當彼此的爭論沒有結果，消磨的只有兩人之間的愛，當一方越想抓緊過去的美好關係，另一方就會越想逃避現在的關係，而讓彼此越是無法好好面對和溝通。

或許當外遇發生後，我們本不該指望回到最初的兩人關係，而是真真實實看見和面對現在婚姻裡所發生的事情 ──「外遇」。再思考接下來，我們該怎麼辦才好，而什麼才是你要的生活。以下幾個問句能夠幫助我們思考。

1 事情發生當下，有嘗試溝通和討論嗎？
2 雙方有意願開啟對話嗎？
3 陷在誰對誰錯，對事情和雙方關係有幫助嗎？
4 你們還想要這段關係嗎？

其實不管外遇發生在對方還是自己身上，都會常常讓我們陷入激動的情緒卻不自知，而這樣的情緒常會導致我們做出違心的選擇，例如：心理上不想分開，但嘴巴上卻說離婚，那是因為你被對方傷的太深，為了保護自己的受傷，所做的即時回應，而不是你冷靜下來深思熟慮的話語，因此以上這幾句問句，可以幫助我們冷靜並好好思考自己要的是什麼，以及彼此之間要怎麼走下去。

外遇是雙方互動的結果

雖然說外遇方打破了婚姻的承諾，這方面絕對是外遇方的錯沒有問題，然而如果放大至整個婚姻和家庭的歷程，其實會發現當關係出現裂縫和空隙時，其實雙方都可能有出軌的機會，有時是發生在一杯咖啡的邀請，有時是發生和前任不期而遇的情節裡。

但最重要的是，當外遇這件事情已經發生時，彼此願不願意去看見和理解外遇發生背後的層層原因，有時可能雙方都參與其中，此時

應暫時放下對自己和彼此的怨恨，想想如何面對和解決眼前的狀況，並真誠接觸自己的內心，用以下問句自我對話。

1 自己會不會犯錯？
2 自己對於外遇的底線是什麼？哪些可以原諒？哪些不可以原諒？
3 還想跟對方在一起？可以接受伴侶有過外遇對象嗎？
4 身體能否接受曾經外遇的伴侶？

 ## 好好重新開始

如果與自己對話後，發現自己對伴侶還有愛和期待，不是因為不甘心，所以不放手，而是真心誠意希望未來能和對方並肩走下去，且雙方也共同決定再給彼此一次回到婚姻關係的機會，有些事情雙方先講好，對於未來修補關係，會有很大的幫助。例如：

1 說清楚講明白後，雙方不要再提起外遇的事情，特別忌諱吵架時拿來互相傷害。
2 被外遇方不要過度檢查伴侶的手機信件和私人物品，如果真的控制不了，請向伴侶坦白，兩人一起面對，也是給對方開口與解釋的機會。
3 請珍視雙方對自己的好，常說謝謝，而不是理所當然。

既然已經決定好好走下去，就請把對方當新的人看待，當做雙方重新交往，雖然說外遇的痕跡，有時還是會隱隱作痛，但它也可能是讓彼此可以更瞭解、更靠近的契機，讓彼此的關係可以更深一層，當人生回看走過的風雨，說不定能更珍惜得來不易的幸福。

 ## 選擇分開互相祝福

無論如何，能在一起就好好珍惜，如果選擇分開就好好道別，但

有時真的很難馬上做出決定，所以暫時分開也是種選擇，彼此冷靜沉澱後，再來面對也不遲，重要的是，你需要看清你自己的心。

過去的傳統觀念在外遇的婚姻中，常常要我們睜一隻眼，閉一隻眼，將就在一個外人看似幸福，但自己知道早已破碎的婚姻和家庭裡，彼此互相綁住，過程中更影響孩子們的價值觀，最後大家都不開心，日積月累的家庭祕密，就這樣日復一日傷害了家庭中的每一個人。

世界上沒有永遠不會消失的人事物，在能愛和能擁有時，好好珍惜；在不能愛和不能擁有時，也好好說再見。

請你記得我們都有讓自己幸福的權力，我們不需要把自己的價值感，建立在另一半對自己的評價和態度上，我就是我自己，是值得被愛和愛人的獨一無二生命個體，誰都不能定義我們是誰，只有我們自己可以，為感情努力沒有錯，但努力到失去自己，真的很得不償失。

婚姻裡沒有對錯
只有選擇

外遇：外遇是危機更是轉機

　　莉莉結婚並生完小孩後，因為沒有後援，又不敢把孩子交給別人帶，所以只好自己二十四小時照顧，每天無限的餵奶、哄睡、換尿布、洗屁股、洗澡、抱抱和陪玩，加上夜裡無數次的哄睡和餵夜奶，還要做家事、洗衣、打掃、煮飯和洗碗，每天都感到筋疲力盡，想出去放風跟姊妹聚會，或有自己的獨處時間。但只要一出門，老公就會不時傳孩子在哭的照片或影片給莉莉，並傳訊息說孩子需要媽媽，搞得莉莉就算出門也不能好好放鬆，甚至覺得對孩子非常愧疚。

　　情緒低落的莉莉想找老公傾訴，但老公總是擺出一副照顧孩子有什麼辛苦，自己賺錢回家才最辛苦的樣子，每次叫老公幫忙，不時都會換來一頓抱怨和責備，說自己上班已經很累，為什麼回家還不能好好休息。這讓莉莉覺得乾脆自己來，但看見老公繼續過他原來的生活，打電動、滑手機、看電視，他心裡很不是滋味，自己也很想放空休息，憑什麼女人就要二十四小時照顧小孩？

　　以上這些情況，莉莉都可以為了小孩忍受，不能接受的是發現老公跟女同事有曖昧的訊息，莉莉嘗試溝通但無疾而終，也找了伴侶諮商，但老公依然認為自己沒有問題，他覺得自己只是和女同事打打嘴砲，又沒有真的身體出軌，莉莉看清改變不了老公，思考後也覺得這不是自己想要的家庭關係，所以選擇離婚。

莉莉原本以為可以就此展開新生活，但前公婆家和娘家，甚至連朋友卻都開始在背後說莉莉不知足，「老公有賺錢回家就好，當母親怎麼這麼自私，怎麼可以讓孩子沒有爸爸」之類的話語，種種都讓莉莉內心飽受煎熬，甚懷疑自己的選擇，因此來到諮商室。

 ## 聽聽心理師怎麼說

每個家庭都有自己的故事，很難對外人說明白，只有當事人最清楚，所以更別說旁人可以對別人的婚姻品頭論足，因為我們終究不是他們，不知道對方的實際感受和想法，對自己來說可能是一件小事，但對別人來說可能是壓垮駱駝的最後一根稻草。

然而現實是總有一堆人，會對你的人生指指點點，干涉你的選擇，批評你的決定，可能是過來人倚老賣老的經驗，或者是對人生不滿的投射，而有「我的婚姻都這麼辛苦，我想離婚都不敢離，憑什麼你可以離婚，還過的這麼好」這類的想法，因此這些人對於離婚的人特別苛刻和嚴厲。

但其實每個人的人生都屬於自己，只要不傷害他人、做傷天害理的事情，其實條條道路都是能通往幸福的道路，誰說結婚就不能離婚？誰說有小孩就不能做自己？那都是從別人口中，積非成是的隱形枷鎖。

事實是每個人都要為自己的人生負責，所有的選擇只要自己想清楚，願意面對承擔，其實沒有所謂的好壞對錯，只有適不適合自己。然而怎麼找到較適合自己的選擇，又怎麼面對選擇後可能後悔的心理，和旁人無情的打擊呢？

選擇較適合自己的決定

　　沒有完美的選擇，更沒有所謂的對錯，我們都只能找尋較適合自己，或排除讓自己不能接受、不開心的選項，選擇當下最好的選項，幫自己做出較適合的決定。

1 思考事件或關係，自己非常在意的核心是什麼？

　⇒ 例如：莉莉在婚姻裡，最在意是老公對婚姻的忠誠，和孩子的身心健康。

2 列出每個選擇的優缺點

　⇒ 例如：列出繼續婚姻和離婚的優缺點。

3 如果做了選擇後，最擔心的缺點是？

　⇒ 例如：選擇離婚，擔心自己經濟能力無法照顧小孩。

4 第 1 點最在意的核心，和第 3 點選擇後的缺點，孰輕孰重去做評估和選擇

　⇒ 例1：莉莉將老公對婚姻的忠誠和經濟壓力，去比較評估後，雖然擔心離婚後的經濟，但自己無法忍受老公出軌，且老公不願意改變，如果選擇繼續婚姻，知道自己會每天抱怨，也傷害孩子，所以寧願辛苦點自己出去工作，並且請娘家幫忙。

　⇒ 例2：莉莉選擇對老公的外遇睜一隻眼、閉一隻眼，慢慢思考離婚後經濟的規劃，再做未來的打算。

5 不時檢視自己的選擇，給予自己信心

　不管做什麼選擇，都能安於自己的選擇，如果因此感到不安與不舒服，可以隨自己的狀態做出調整，再次思考並重新選擇。

 ## 留在原來的選項，也是種選擇

　　看清楚自己的需求和外在人事物的限制後，找出自己最適合和貼近此時此刻的狀況，就是最好的選擇，所以請給予自己力量和自信，是邁出改變現狀的第一步。

如果最後選擇留在原來的狀況，這也是一種選擇。一種深思熟慮後的選擇，雖然看似沒有改變，但心理上因為你願意面對和承擔，一定更能踏實的生活，而不會只是一直抱怨，卻不做任何努力和選擇，傷害自己的身心靈，卻沒有任何改變。

 ## 面對選擇後，可能的後悔情緒

有時人性就是這樣，得到的反而會忘了好好珍惜；得不到的，因為沒能擁有，所以會更加無盡的想像。

例如：去懊悔，如果當初自己選擇另外一個選項，會不會現在能不一樣，我就不會這麼辛苦，甚至可以過得更好。而在已選擇的選項裡，怨天尤人、怪東怪西，活在後悔怨懟的情緒裡，過著日復一日的痛苦生活，所以此時我們更要有意識看見人性，努力克服讓自己過得幸福，因為你值得。

1 重新檢視自己的選擇，給予自己信心。
2 當後悔的情緒出現，好好跟自己對話，是什麼原因讓你選擇這個選項。
3 接受不可能有百分之百完美的選擇。
4 在自己的選擇中，看見值得感謝和開心的部分。
5 和自己信任的朋友聊天，讓情緒有個依靠和能被理解的地方。

 ## 如何面對選擇後，旁人無情的打擊

從小我們聽父母的話；長大到了學校聽老師的話；出社會聽老闆的話，進入關係婚姻聽另一半的話。在成長的過程中，默默養成聽別

人聲音和意見的習慣，而忘了自己有權力做出選擇，特別是婚姻這件事，好像所有的人只有一條路道路：結婚生子。如果沒有生小孩，還會被社會罵自私，說不配做為女人……等等。

但事實是，每個人都不能，也沒資格去干涉他人的人生，因為自己的人生路只能自己走，旁人頂多是建議，所以千萬別全然相信，結婚一定是對的、生小孩一定是對的、離婚一定是錯的等，那些別人的價值觀，以及硬要加在你身上的標籤。

重要的是，你要誠實問問自己，你想過怎樣的人生？觀賞什麼樣的風景？所以面對旁人的閒言閒語，你可以做的事如下。

1　想清楚自己想要的人生。
2　不時給予自己信心和鼓勵。
3　找尋理念相同的朋友或社群，互相支持和理解。
4　對於旁人的指指點點一笑置之，清楚這是自己的人生、自己的選擇。
5　如果真的無法不受他人影響，就先暫時避免接觸。
6　把時間和精力用來經營自己想要的生活。

婚姻兩個字看似簡單，裡面卻承載許多難以和外人道的細節，種種錯綜複雜的結，表面看似是老公對老婆的冷暴力，但背後可能是老婆長期貶損老公，而呈現的互動結果，這不是任何人可以評價和批判的。

這個社會需要更寬廣的心胸，尊重每個人在婚姻裡的選擇，自己更需要好好對待自己，不要害怕做出錯的選擇，因為在婚姻裡沒有所謂對錯，只有你想要的是什麼，為自己勇敢做出選擇，讓自己自在安心，踏實走好每一步，就是最好的選擇。

當婚姻走到盡頭

外遇：外遇是危機更是轉機

　　晴晴和世偉打了三年的離婚官司後，終於雙方達成協議，晴晴未來會和大女兒一起生活，而世偉帶著兒子離開現在住的家，重新找其他地方居住，這幾年晴晴和世偉經歷了許多爭執，還有法律訴訟的流程，現在彼此終於放下心中的大石頭，可以好好結束婚姻關係，各自往未來的人生邁進。

　　然而就在世偉帶著兒子離開原本一起居住的家時，晴晴心中突然有股悲傷湧到心頭，也不知道是對前夫，還是對兒子，說不出的痛在晴晴心中攪動著，好幾次都想要叫住前夫和兒子，希望他們不要離開，希望全家人還是可以在一起。

　　但當晴晴的理智恢復，想起過去和前夫相處的種種，還有前夫對自己的傷害，原本希望他們回來一起生活的想法也被動搖。晴晴說雖然在這三年的離婚官司中，前夫確實改變不少，但也清楚自己已經哀莫大於心死，不能再承受任何一次前夫對自己的傷害，所以選擇分開，但不知道為何，心中就是有種說不出的複雜感覺。

 ## 聽聽心理師怎麼說

　　人都是有情感的，何況是在一起生活這麼多年，過去一起經歷過風雨與美好的、曾經的另一半，這所謂的家人，就算沒有功勞，也有苦勞，且人是習慣和念舊的，有時離不開是因為習慣，但不一定是愛。

因此當結束一段關係，婚姻走到盡頭，其實或多或少都會有些眷戀，眷戀過去的美好時光，特別在自己已經失去時，就容易陷在情緒中無法自拔，但當理智再現時，其實聰明的你說不定早就知道這是一段該離開的關係，只是因為過去的情緒和情感，甚至是為了孩子的考量，讓你遲遲無法往前一步。

而當你和你的另一半都努力且嘗試過後，婚姻走到盡頭，分開或許也是另一個好的選擇，而怎樣面對和照顧自己，則是很重要的。

 ## 會經歷的心理階段

當婚姻走到盡頭，離婚可能是準備許久的決定，然而可能因為各種因素，例如：覺得自己怎麼可能會離婚？或者沒有辦法接受另一半外遇……等，當我們沒有辦法接受眼前的狀態，心理會發生一連串的變化。以下將介紹由美國學者庫伯勒-羅斯（Kübler-Ross）所提出的悲傷五階段，來瞭解自己的心路歷程，並更能幫助自己度過心理危機。

❖ 否認

在接受到負面消息時，人們往往會先選擇逃避的心理防衛機制，把自己隔離起來，否定所有相關訊息，藉此保護可能崩塌的自我。

 例如　雖然已經離婚，但仍然覺得對方還是很愛自己。

 建議　先暫時和對方有段時間和空間相互冷靜，並試著藉由觀察告訴自己什麼是事實，有時需提醒自己停止自我欺騙，如沒有辦法單靠自己的力量，請尋求親朋好友和專業協助。

❖ 憤怒

　　當我們認清事實後，一開始的痛苦往往讓人難以招架，並會以憤怒的方式呈現，把內心的挫折、無力、悲傷投射到外在，怨天尤人；有時也會向內對付自己，開始自我傷害，試圖透過傷害自己或是轉移注意力的方式，讓自己可以好過些。

例如
離婚後，開始到處說前任的壞話，或者覺得因為都是自己的錯，而感到內疚、痛苦等。

建議
有憤怒的情緒是很正常的過程，而我們所要做的是好好陪伴自己，以健康的方式宣洩在心中的憤怒，不管是運動，還是找人傾訴，讓憤怒得到釋放並貼近自己的悲傷，照顧自己的情緒。

❖ 討價還價

　　在此階段，心裡會有很多聲音，例如：「要是我怎樣，就不會離婚」，或者「早知道如此，我當初就不會這樣做」……等，這些念頭會不斷在心裡盤繞，讓自己痛苦不堪。

例如
早知道會離婚，當初就不要結婚，搞得自己這麼痛苦。

建議
放下對自己的責備和內疚，看見自己已經很努力，每個當下的決定，都是當時最好的結果。雖然現在離婚，但不代表自己沒有盡力，更不代表自己不好，有時人生就是十分無常，我們只能好好把握當下。

❖ 沮喪

　　此時我們經歷過討價還價的階段後，會漸漸看到事實，此時內心巨大的痛苦會再次襲擊，此刻也沒有辦法像一開始選擇逃避，而是直接承受如同被撕裂的痛苦，這時人會變得沮喪和脆弱，甚至可能進入憂鬱的狀態。

例如	發現自己不管做些什麼，還是無法挽回婚姻，而變得憂鬱、沮喪。
建議	尋求外在親朋好友的協助和支持，必要時請尋求相關機構團體，或心理專業協助，加入支持團體等。

❖ 接受

　　這個階段我們會慢慢冷靜下來，好像可以慢慢接受眼前的事實，但不一定已經能接受分開的狀況，然而看見並接受事實是療癒很重要的第一步，我們開始體悟人生的變化莫測，生命的無常，好好安在每個時刻，陪伴自己穩穩往前行。

例如	已經接受離婚的事實，雖然還放不下前任，但至少心裡平靜許多。
建議	多給自己支持和鼓勵，雖然還是會難過、悲傷，但相信自己能走出來，並開啟另一段新的生命旅程。

當婚姻走向盡頭，悲傷的五個階段，不是永遠以線形方式推進，有時會跳來跳去，甚至反覆循環，而在過程中清楚自己的狀態，好好陪伴和照顧自己，就是能帶領我們走過人生低谷很重要的力量。

 ## 照顧好自己

在英國的調查發現，離婚給人所帶來的壓力，排行在人生壓力的前幾名，且只排在喪偶、坐牢和天災等後面，可想而知，對於自我的衝擊有多麼巨大，不只是需要時間去療癒，也需要主動做些什麼，讓自己更安心自在。當婚姻走到盡頭後，或許可以參考下列的方式，知道可以怎麼陪伴自己好好走下去。

1 該吃飯、該睡覺時就去做

先穩定自己的生理，讓身體的生理機能可以正常運作，雖然一開始可能會食不知味，覺得自己像行屍走肉，這些都是很常發生的狀況，等生理狀態穩定好了，我們再來照顧自己的心理方面。

2 讓自己有目標、有事情可以做

當我們面臨巨大衝擊，且時間空下來時，很容易陷入深層的情緒漩渦中，因此在這段時間可以給自己找一些事情做。

⇒ **例如：**好好完成工作，或是給自己一些小目標，例如：學廚藝或才藝等，讓自己有事做，又可以接觸人群。

3 宣洩或照顧情緒

內心的情緒還是要有出口，不管平常是習慣找朋友訴苦來宣洩，還是藉由運動產生多巴胺等抒壓激素，找到自己可以宣洩情緒和壓力的方式。

4 找出婚姻走到盡頭的意義

心理學的意義治療學派認為，人能超越痛苦，是因為在其中找到屬於自己的意義，讓自己從挫折中成為更好的人，例如：在結束婚姻後，經過反思，發現自己對於前任的忽略和不尊重，是源於自己早年經驗

也被如此對待，所以在不知不覺中，也如此對待前任。雖然離婚已成定局，但可以藉由此事件，去療癒自己的早年經驗，並在下段關係中，能更清楚自己想要和需要的是什麼。

當婚姻走到盡頭並不可怕，可怕的是活在自己編織的夢幻泡泡裡，直到過世前才發現，人生在世沒有為自己勇敢過一次，而當自己回頭時已百年身，想改變卻為時已晚，痛苦不堪。雖然面對事實也會有許多痛苦和悲傷需要經歷，但同樣也會更清楚自己是誰、自己要的是什麼、更有勇氣往前行，讓自己更真實、更幸福，不管未來會面臨怎樣的問題，都能陪伴和帶著自己，找尋屬於自己的幸福。

重新建立關係

外遇：外遇是危機更是轉機

　　阿萬曾經在玲玲懷孕時出軌，玲玲知道後萬念俱灰，甚至想把小孩拿掉，因此家裡氣氛十分糟糕，還好後來夫妻倆找了伴侶諮商，也在阿萬真心誠意地道歉和承諾中，走過了這次的婚姻危機。然而出軌的事實對於玲玲來說仍真真實實存在，即便知道自己還愛阿萬，阿萬也還愛自己，事情過了這麼多年，阿萬也沒再有任何出軌的訊息和行為，但他始終有一種說不出來的痛。

　　而當婚姻裡有爭吵時，玲玲所感受到的委屈和難過，會連同當時阿萬出軌的記憶和感受一起湧出。有一次阿萬下班後，無意說了一句家裡好亂，瞬間玲玲就開始爆哭，所有的委屈和難過湧到心頭，他覺得自己已經很努力照顧孩子了，但是就是沒有那麼多的時間可以整理好家裡，還被阿萬這樣說，覺得很委屈，更深層的恐懼是擔心自己做不好，阿萬會因此再次出軌。

　　然而其實阿萬也不好受，他對自己曾出軌的行為十分內疚，也覺得自己就像千古罪人，好像做錯事後，永遠不得翻身，做什麼事情都需要小心翼翼，避免玲玲再次受傷，但也因此讓阿萬對於玲玲的態度變得敏感。每當阿萬晚下班時，只要玲玲詢問阿萬怎麼這麼晚下班等，就會讓阿萬覺得玲玲又再懷疑自己了，他也因此變得煩躁、敏感，面對阿萬的情緒變化，雙方也常為此搞得很不開心。

聽聽心理師怎麼說

在婚姻裡發生外遇，就好比將水晶球往地面狠狠砸去，而破碎的狀況，又依外遇的程度、過去關係的深厚而有所差別，但不變的是這顆水晶球已經傷痕累累，就算經由諮商等方法努力修補，雙方願意一片一片把它拼貼回去，但傷痕就是傷痕，重新建立關係的過程十分漫長，甚至需要一輩子來慢慢修補。

但就算沒有外遇，婚姻都需要用一輩子去經營。我們在婚後的生活中，難免會遇到爭吵、衝突，然而每次的爭吵與衝突都會使關係被破壞，面對每一次關係被破壞後，我們都需要重新修復與建立關係。至於在重新建立關係時，雙方要注意什麼呢？

 重新建立關係是一輩子的事情

有些人會覺得事情發生、解決、說明白了，就讓它過去，不要再提，因為每提一次就會傷害一次，不提就沒有傷害。但人是有情感和記憶的動物，怎麼可能說忘就忘，雖然理智上我們很想完全遺忘，但就像有些事情，明明告訴自己不要繼續在意，還是會在意一樣。

更何況是在承諾過美好關係的婚姻中出軌，那種落差和痛苦，就算理智上知道要忘記，但有時身體和情緒比我們的大腦記得還清楚，讓我們在不知不覺中就被影響，原本辛苦重建的感情也因此被默默破壞，面對這樣的狀況，我們該如何覺察自己的狀態，並走出無盡的影響呢？

1 不知不覺的狀態

在沒有覺察的情況下，因為另一半曾經出軌的原因，常常不自覺發脾氣。

2 後知後覺的狀態

和伴侶吵完架後，冷靜回憶和思考，這是自己想要的關係嗎？是否有帶著過去伴侶曾經出軌的情緒和對方溝通？

3 當知當覺的狀態

當爭吵快開始時，在當下覺察自己的情緒，是只針對現在所發生的事情？還是有把過去的情緒加進來？有的話，請當下提醒自己不要被過去影響。

4 先知先覺的狀態

下次快要吵起來時，先深呼吸提醒自己就事論事，不要把過去的情緒帶到現在的情況，否則只會讓事情更複雜、關係更糾結。

這四個狀態是來來回回的過程，需要自己不斷覺察、發現和調整，讓自己能持續朝著想要的關係和溝通方向前進。

不只是面對出軌過的伴侶，其實一般夫妻相處時，在與對方互動或發生爭吵、衝突時，都不要帶著過去的怒氣，來處理現在的事件跟關係。

 ## 回到關係中坦白

然而若想走出伴侶出軌的陰影，就不能光靠一個人的努力，否則會十分痛苦和掙扎，而是需要雙方共同努力，才能一起克服難關。不管是玲玲還是阿萬，都有各自的心路歷程，玲玲擔心出軌再次發生，阿萬內疚萬分，有時除了走過不知不覺到先知先覺的自我療癒歷程，最重要的還有彼此坦白，並互相支持和依靠。

畢竟婚姻是兩個人的關係，如同一起跳的雙人舞，一個人太快或太慢，都會造成彼此的不舒服，甚至是痛苦。適時說出心裡話，調整

彼此共舞的步伐，才能跳好每個人生不同階段的舞步，然而要怎麼開口，往往令人感到尷尬、害羞，以下介紹幾個方向。

1 以「我訊息」說出感受

我們在與他人對話時，常習慣以「你」為開頭，但是聽到這樣的話語，大部分的人會感受到被指責，或是覺得自己哪邊做錯了，而想要防備。如果可以換成，以「我」為開頭，比較不會讓對方有不舒服的感受。

⇒ **例如**：你那麼晚回來，去哪裡了？（Ｘ）

　　　　 當我看你晚回家時，我心裡會很擔心、很焦慮！（Ｏ）

2 覺察、承認又被過去所影響

在互動的過程中，讓你有所不安或不舒服時，能夠對於該狀況有所覺察，並承認過去事件對於當下事件的影響。只有當我們願意覺察自己的情緒，並去承認它，才不會讓情緒莫名地影響我們。

⇒ **例如**：當我看你晚回家時，我擔心過去出軌的陰影又再來一次。

3 和另一半坦承、說明白

與另一半坦白，並不是為了指責對方，而是為了讓對方可以理解我們的狀態，也幫助對方來瞭解我們，面對親密關係時，我們需要有冒險與承認脆弱的勇氣。

⇒ **例如**：很抱歉我知道那是過去，但我有時候就是走不出來。

4 說出自己的需求

表達自己的需要，讓對方知道我們想要怎麼樣被安撫，但是如果對方沒有辦法完全做到時，也別強迫對方，循序漸進、一點一滴共同努力和改變。

⇒ **例如**：你現在有空可以抱抱我，讓我感受更多的安全感嗎？

雖然在修補出軌的關係時，諮商心理師會提醒雙方盡量以新的關係重新建立，甚至約定吵架時，不要再提起過去出軌的事情，以免模糊當下需要面對的爭執。然而人是複雜的動物，有時候會被影響就是

會被影響,這是人之常情,我們能做的就是彼此好好真實面對和處理,切勿漠視或是想粉飾太平,那只會造成另一次的爭吵,累積成為下一次的婚姻危機。

自己的真誠表白,另一方的同理接納,不管自己是出軌方,還是被出軌方,雙方都不容易,也都有自己需要被看見和理解的地方,放下評斷及情緒,一起修補和經營。

定時清理心中垃圾

每個家庭必須定期去實踐家庭會議或夫妻談心時間,因為生活中的柴米油鹽醬醋茶,常讓原本恩愛的夫妻東奔西忙,而忘了當初在一起的理由和初心,更別說曾經出軌受傷的家庭。

如果能定時有個談心時間,讓彼此可以更理解對方現在的狀況,例如:工作壓力大不大?小孩最近遇到什麼事情?藉由分享更瞭解彼此,讓彼此更靠近,也是對未來出軌很重要的預防。如何召開家庭會議或讓夫妻雙方好好談心,可試試以下薩提爾天氣報告的方法來分享並表達彼此的狀態。

1 欣賞感謝

表達對於對方的欣賞跟感謝,讓對方知道你有看見他的付出。

⇒ **例如**:阿萬告訴玲玲很感謝他接納出軌的自己。

2 困惑、擔憂或關心

表達對於對方行為的困惑、擔憂或是關心。

⇒ **例如**:阿萬對於玲玲只要自己晚一分鐘回家,就打十幾通電話的行為感到困惑。

3 抱怨和建議

生活中對方有什麼地方讓你感覺不舒服，以及如何做調整。

⇒ **例如**：有時自己還在上班，而電話聲響起會讓自己不專心，因此能否晚十分鐘再打給我，阿萬也承諾如果事先知道自己會晚下班，會先跟玲玲說。

4 新資訊

有什麼對方不知道，可以和他分享的。

⇒ **例如**：最近長官交給我大案子，我很開心，但也滿緊張的。

5 希望和期待

對於未來有什麼希望和期待。

⇒ **例如**：希望自己能好好完成手上的大案子，之後能讓家裡過更好的生活。

　　夫妻和家庭關係本來就不容易經營，何況遇到一場出軌的洗禮，如何再次互信互愛、彼此坦承與包容，同時瞭解自己，並適時說出自己的需求，以及定期有家庭會議和談心時間，整個過程需要更多的耐心和恆心。婚姻需要一輩子的時間去經營，才能像鑽石般，經過打磨後才能璀璨耀眼。

該為了孩子
繼續維持婚姻嗎？

外遇：外遇是危機更是轉機

　　曉曉和健華認識不到三個月就步入禮堂，在剛開始的婚後生活，就感覺到彼此的生活習慣和個性有很大的差異，但才剛要開始磨合，沒想到曉曉很快就懷孕生子，有了一對雙胞胎。然而這樣的好消息，在原本就不太平順的婚姻關係中，卻變成雪上加霜，兩人常常在比較誰照顧孩子多，或抱怨誰的貢獻比較少，每天不是大吵就是大鬧。

　　曉曉因此有離婚的念頭，但旁人都會叫曉曉為了孩子要忍耐，曉曉看著自己一雙年幼的孩子們，也覺得不該如此自私，但每天日復一日的爭吵，真的快把曉曉逼瘋，讓他不知道該如何是好。然而健華也是十分無奈，他也很想好好維持婚姻和家庭，畢竟孩子也是自己的骨肉，加上自己滿喜歡小孩，因此兩人協議，先以照顧孩子為優先，等孩子長大一點，彼此之間的問題再來討論。

　　日子一晃，孩子來到五六歲，兩人關係依舊不是這麼和睦，因此來到諮商室。

　　「我們就像是機器人，為了孩子而存在，做父母該做的事情，沒有任何感情。」曉曉說著。

　　「都老夫老妻要什麼感情，為了孩子好，就好！」健華說道。

聽到健華這麼說，曉曉跟健華兩人又開始起爭執，這時曉曉突然提到要離婚，但健華不肯，他覺得現在這樣很好，孩子有父有母，雖然會吵架，但哪個家庭不吵架？但曉曉覺得自己受夠了，他不能忍受沒有愛的婚姻，況且已經忍那麼久，他覺得受夠了，但健華依然堅持為了小孩不能離婚。

聽聽心理師怎麼說

婚姻關係的經營本來就不容易，加上孩子的出生，常常成為壓垮駱駝的最後一根稻草，使雙方關係急遽下墜，如果沒有即時尋求外界幫忙，無法處理的爆炸情緒，有時會轉化成破壞關係的傷害行為，讓夫妻彼此傷痕累累，甚至殃及小孩。

當夫妻不願意尋求幫忙，也不願意讓彼此有空間或時間相互冷靜時，美其名維持婚姻是為了小孩，但往往受害最深就是孩子本身，特別是當父親或母親在情緒中說出「因為孩子還小，為了孩子才要忍受婚姻」，或者跟孩子說「要不是為了你們，我早就跟你爸／你媽離婚了」等。

這些話對於孩子來說，其實是非常沉重的負擔，特別是年幼的孩子，更容易被父母所影響，認為父母的話都是真的，都是自己的問題，都是我害的，所以才會讓父母爭吵不休，造成日後孩子自我價值感低落，覺得自己不值得被愛，甚至覺得自己不該被生出來，有的孩子甚至會覺得，要是自己消失，這些問題就解決了。

你們做過努力了嗎？

「給孩子最好的禮物，就是父母的良好關係」，原因是父母是孩子人生中第一個模範和老師，藉由父母來初步認識這個世界的模樣，是

有愛的？還是無情的？是幸福的？還是恐怖的？就算沒有說出口，沒有吵架，孩子身為敏銳的觀察者，還是能感受最真實的情緒和氣氛。

所以回過頭來看父母本身，到底是什麼原因，讓雙方不願意去面對兩人的夫妻關係？或不能去承認夫妻之間的問題呢？看見是面對問題的第一步，當我們能看見與承認，才能去改善現在的狀態。

不妨試著思考下列可能的原因，讓自己可以對夫妻關係的現狀有所思考和覺察。

1　覺得孩子比另一半重要。
2　彼此對婚姻家庭態度不一樣，無法溝通。
3　不想破壞現狀，比起現在的痛苦，更害怕面對改變後的未來。
4　不想改變，或是覺得應該是對方要改變。
5　習慣用接受、忍耐來面對。
6　不想引發衝突或爭吵。

當父母願意坦然面對，且慢慢引導孩子理解發生什麼事情，其實對於孩子來說是非常好的學習契機，他們會瞭解人生沒有絕對的順遂，凡事只要願意面對，都能處理，而不是隱忍痛苦、互相傷害，且再難的事情都有解決的方法，就能因此更有自信地活在這個世界。相反的，如果不願面對，婚姻家庭關係雖外表看似美好，但實際上每個人都痛苦和孤單，這會是你想要的嗎？

 ## 婚姻是兩個人的事，不要把孩子做為不離婚的理由

如果努力且嘗試過，還是覺得彼此不適合，千萬不要把孩子當做不離婚的理由跟藉口，如果此時你還是選擇留在婚姻，有以下可能的心理狀態，讓你可以自我瞭解，並好好沉澱、思考。

1　害怕改變，面對未知的未來。

2　怕沒有孩子的監護權，看不到孩子。

3　不知道離婚後要怎麼生活。

4　沒有經濟能力、工作能力。

5　覺得離婚不好，擔心以後別人怎麼看待自己。

　　其實說明白，你其實擔心的是你自己比較多，而不是孩子的最大利益，確實這些事情會讓人卻步，未知往往也最令人害怕，常讓人寧願停留在痛苦，也不願意改變，但殊不知踏出去說不定會是海闊天空。你可以勇於尋求他人和外在的協助，例如：社會上有許多機構、團體和法律相關資源，可以做諮詢，甚至提供幫忙，但以上都需要你先往前一步。不過，有時不急著改變，先瞭解後續相關擔心的問題和解決方式，也是個選擇。

 ## 不快樂的夫妻也不要造成孩子的傷害

　　在這個痛苦掙扎的時期，夫妻雙方請各自幫自己找到情緒出口，千萬不要把孩子當做威脅攻擊的手段，向孩子情緒勒索，甚至是把孩子當成出氣筒，這是一種非常不負責和不成熟的行為，且會對孩子造成非常巨大的傷害，可能造成危害有以下幾點。

1　自卑、沒自信。

2　低落、沮喪、憂鬱。

3　自我厭惡。

4　自我毀滅的行為。

5　自我傷害（自傷、自殘）。

6　覺得自己不值得被愛。

7　覺得都是自己的錯。

8　離家出走。

9　拒學、翹課。

10　在校調皮搗蛋／成為問題學生。

11　功課一落千丈。

12　身心疾病。

13　覺得人生沒有意義。

14　覺得自己不配活在世上（自殺）。

孩子是敏感且脆弱的，當發現家庭出現狀況，或父母的關係有問題時，他們會用自己的方式去保護家庭，看似和父母沒有關係的問題，像是拒學、偷竊、生病等狀態，其實都隱藏了孩子說不出的痛和愛，只能本能用生理或行為來表現，用這些形式來保護家庭，好避免父母的爭吵與不睦。

有時放手才是愛

　　如果真的盡力，或壓根不想努力，與其給孩子一個委屈求全的家庭，有時不如放手，才能真的擁有愛，而不是永遠地互相傷害。

　　孩子其實比我們想像中的還聰明和堅強，且其實孩子都知道家庭發生什麼事情，如果真的走到婚姻的盡頭，好好引導和陪伴，讓孩子知道，即便父母分開了，還是愛著自己的，成為一起為了孩子合作的父母角色。這樣的模式其實不太會造成孩子的傷害，因為孩子會感受到父母對他的愛。孩子能夠從中學習，即使關係不再了，不一定會交惡或是互相傷害，孩子也能夠在變動的關係中，感到安全感。有愛的父母，比起為了維持家庭完整的怨恨夫妻，才是孩子真正需要的。

　　會傷害孩子的往往是父母假裝表面上的和平，但實際上卻是互相傷害，或是在孩子面前，說另一方的壞話、抱怨對方，這可能會讓孩子一輩子不相信愛，甚至厭惡自己，覺得一切都是自己造成，是自己害父母變成這樣。永遠記得孩子要的很簡單，只是單純父母的愛而已。

關係

與自己的

Chapter 5

::: 幸福婚姻從自己開始 :::

婚後別忘了繼續愛自己

與自己的關係：幸福婚姻從自己開始

　　文文從小看媽媽在家中委屈求全，奉獻自己的一生，沒有自己的生活，沒有自己的朋友，也沒有自己的事業，更沒有自己的目標和理想，每天都在為孩子、為公婆、為老公奔波忙碌，而媽媽最常跟文文說的話是：「女人一定要有自己的工作，養活自己才有尊嚴，才能被看得起」，看著媽媽一路的勞碌辛苦，文文從小告訴自己絕對不要結婚，更不要生小孩。

　　但愛情就是說來就來，文文在 28 歲這年，遇到了自己心儀的男人阿宏，陷入熱戀並在隔年結婚，原本文文在婚前還信誓旦旦說要保有自己，自己的工作、自己的朋友和自己的夢想，然而現實就是這麼無情，公婆家對於文文有非常多的要求，週末需要回婆家，初一十五和各種節日也要學會拜拜，還要遵從各式公婆家的傳統，參與公婆家的許多活動聚餐，讓文文沒有時間做自己想做的事情，想拒絕又不好意思開口。

　　讓文文更難過的是，每當在公婆家受到委屈和壓力，想要找媽媽傾訴時，得到媽媽的回應卻是：「做人媳婦本來就是這樣」、「我那時比你還辛苦，你已經很好了」等等，讓文文更是挫折，情緒憂鬱，想做自己但又想得到公婆和媽媽的認同，讓文文十分糾結。

 聽聽心理師怎麼說

　　人是團體動物，需要被接納和認可是無可厚非的事，而當結婚後

接觸到另外一個陌生，但又需要稱為家人的關係，好像彼此很近，但其實又不太熟，好像對你很好但又有很多潛規則，這些都需要時間和另一半的帶領，才能讓我們慢慢熟悉、慢慢適應，並找出最適合自己的生活方式。

然而實際上常常會是公婆家的期待淹沒了我們，甚至是我們讓自己被淹沒，最後忘了自己是誰？自己想要什麼？自己的夢想？在痛苦的拉扯中不能自拔，所以親愛的我們，請在婚後依然保有自己和愛自己。

區分他人的期待，和自己能達到的部分

人之所以痛苦，有時是因為理想中的自己和現實有所落差，然而這個理想真的是自己想要的嗎？還是夾雜了許多人的期待，公婆的期待、父母的期待、老公的期待、小孩的期待、社會的期待和傳統的期待。

這些期待看不見，但卻能被真實感受，因此常常不知不覺把婚後的自己，跟自己心中的想要越推越遠，越是符合他人的期待，就越是失去了自己，因此當自己開始覺得有壓力和情緒時，不妨停下來思考，是不是對方的期待，越過了自己的界限，以及該怎麼去平衡和調整？

1 對方提出的期待
⇒ **例如**：公婆要求當老公有事不回婆家時，媳婦需要代替老公回婆家。

2 真實詢問自己的想要
⇒ **例如**：自己願意在老公無法陪同時，自己回婆家嗎？

3 提出自己和對方期待的共識
⇒ **例如**：謝謝公婆的邀約，並表明下次和老公一起回去。如果你無法做到上述的拒絕，就找個合適的理由來幫助自己婉拒。

4 對方不斷要求，自我情緒控制

⇒ **例如：**當婆家不斷要求時，須穩住自己的情緒，告訴自己：婆家有他的想法和期待都很正常，重要的是自己的決定和堅持。

5 溫柔、堅定踩住自己的界限

⇒ **例如：**堅定但不失禮貌地繼續回應，並表達謝意，但也堅持自己的決定。

當你可以尊重自己的感受，勇敢說出自己的界限，就算對方繼續越界，你還是可以很清楚保留屬於自己的部分，有時確實需要些妥協，但只要清楚自己想要的目標，慢慢調整彼此的界限，最終就可以找到彼此相對舒服的相處方式。

重要的是你要清楚知道自己要的是什麼，並和老公溝通、達成共識，有時確實會有些摩擦、衝突和冷戰，這些都是溝通過程可能會發生的事，畢竟我們沒有辦法滿足對方，對方會有情緒很正常，不需要太內疚或自責，經過這些互動，也才能讓對方知道你的界限在哪。關係是需要互相的，而不是單方面的期待跟要求，只要做好自己能力所及的事，其他就順其自然吧，對得起自己最重要。

不要忘了自己的夢想

在婚後的忙碌裡，有些人因為現實考量，覺得自己沒有選擇，只能選擇將家庭和孩子變成自己的夢想、人生的意義，如果你自己很清楚，且心甘情願，這也是很棒的方向，但如果你有你的目標和夢想，請珍惜這部分的自己。

雖然，有時婚後會失去自我，特別是孩子出生後，但這些都是短時間的經歷，不是永遠，因為總有一天會和婆家磨合出最適當的距離，而孩子也會慢慢長大。

能有自己目標、喜好、興趣等等，是很幸福和重要的事情，而要怎麼找到人生興趣和意義呢？

1　多嘗試新事物

不要排斥新事物，多學習、多接觸，增加自己的眼界。

2　培養興趣

如果已經知道自己的興趣，不管多忙，請不要忘了投入興趣時的雀躍與感動，甚至找出時間好好培養、經營，興趣將會是陪伴人生的好夥伴。

3　走出家門四處看看

婚後忙碌時，常常不是在家裡，就是在娘家或婆家，找時間帶自己到處走走，多認識朋友。

4　多讀書

從不同的書籍獲取不同的新知，特別是跨領域的閱讀，可以讓生活更充實和精采。

 ## 永遠不要忘了愛自己和照顧自己

區分他人對自己的期待，以及釐清自己的人生目標和意義後，忙碌的生活還是會繼續，老公和孩子需要你、爸媽想念你、公婆要求你，但就算再忙、再累，也請給自己留些時間。

充電休息後才有能力可以走更久，如果有時間，可以讓自己放個假、去旅行或做自己想要做的事，但如果沒有時間，最少也請在睡前跟自己同在，貼近自己的內心，感受真實的情感，需要的話為自己做些調整。

我們可以用以下問句來詢問和照顧自己

1　親愛的我自己，你今天過的好嗎？感覺怎麼樣？

2 覺得好的是什麼？

3 列舉三件讓你覺得好的事情。

　⇒ **例如**：覺得還不錯、或是開心、感恩、滿足……等正向的事情。

4 覺得不好的是什麼？

　⇒ **例如**：覺得很討厭、或是委屈、難過、痛苦……等負向的事情。

5 面對這些不好的事情，可以怎樣照顧自己，或是做出改變？

　　致親愛的你自己，請永遠關心自己的感受，問問自己真實的聲音，就算結婚後，甚至有了小孩，再多的角色和責任襲擊而來，此時請不要忘記繼續愛自己和照顧自己，那會讓我們更有能量來面對生活，並活出屬於自己的幸福。

享受婚姻的幸福，
也需要品味一個人的孤獨

　　子喬跟政奇交往兩年多，子喬覺得政奇跟自己的價值觀相似，總能理解自己的感受與想法，彼此就像靈魂伴侶般的契合。且有了政奇的陪伴後，生活不再孤單，一切都溫暖明亮了起來，因此答應了政奇的求婚，決定與政奇共度人生。

　　子喬對婚後生活充滿期待，覺得政奇是要與自己共度一生的人，也因此對政奇有許多的期待，子喬覺得婚後同住在一起，肯定能比交往時更緊密與靠近，覺得生活中有政奇就夠了，於是將政奇擺在心中最重要的位置上。

　　然而當結婚同住後，子喬發現很多部分與自己想的不一樣，覺得政奇假日想要跟朋友聚會，或是參加活動，沒有辦法一直陪伴著自己，讓子喬覺得好孤單，平常政奇工作忙碌，又要加班到很晚才回來，兩人相處的時間已經很少了，假日又不能一直陪著自己，因此結婚一段時間後，子喬開始悶悶不樂。

　　子喬覺得雖然兩人相互陪伴時很幸福，但是當政奇無法時時刻刻陪伴自己時，就會感到很孤獨與寂寞，覺得婚姻生活，跟當初想像的很不一樣，也因為孤獨的感覺，讓子喬開始對於政奇丟下自己一個人，感到不滿。夫妻也因此引發爭吵，並來到諮商室進行伴侶會談。

聽聽心理師怎麼說

婚姻是個重要的人生階段，因此許多人對於婚姻抱著非常高的期待，期待另一半能夠給予陪伴和照顧、解決自己心情上的困擾；成為精神上的支柱、理解自己的想法；將自己放在最重要的位置上，讓自己持續感受到愛與被愛的感覺；有一定的經濟能力讓自己衣食無憂，彌補過去未被滿足的期待。希望有了另一半後，人生就可以從此美滿，一片光明。

但如果以上是伴侶對於你的期待，不知道當你聽到上述這麼多期待時，是否會讓你感覺到很大的壓力呢？

的確當戀愛開始時，我們常因為伴侶與我們相似的特質而互相吸引，也會因為兩人的差異而感到彼此互補。在戀愛初期，我們還在認識對方，因此我們對彼此有許多的好奇，而想要瞭解更多，並願意傾聽、關心，彼此支持與相互安撫。

當關係建立穩定，彼此熟悉，對雙方有一定程度的理解後，我們會開始把部分的時間與專注力，轉移到其他的部分，像是工作、人際、或是家人，因為我們的生活中，不會只有感情需要經營，生活中的其他部分，也會需要我們耗費心力。

沒有人需要為另一個人的需求負責，孤獨也是

有些人會期待伴侶可以是個照顧者，照顧自己的一切；又或是期待伴侶是個陪伴者，陪我們度過每一刻，從此不再孤獨；或是把伴侶當成心理師，希望伴侶可以承接我們的情緒，解決我們所有的困擾。

這樣的情況，好像把個人對於未來的期待，完全寄託、投注在另

一個人身上，甚至看到很多的女性，在進入婚姻後就不再努力，完全依靠另一半，難道我們沒有辦法靠自己，過上自己想要的生活，完全要靠他人來滿足我們嗎？

然而即便一個人再怎麼照顧我們、滿足我們的需求、陪伴我們的孤單，但是也有他無法做到的時刻，這世界上沒有一個人可以完全理解我們、照顧我們的需求，能夠百分之百做到這件事情的人，只有我們自己。因為即便是你的伴侶，他也會有他自己無法解決的問題、無法做到的事情，難道你也要完全照顧他的需要，完全滿足他的需求嗎？

而當你把關注力都放在他人身上，照顧他人的需求時，其實那個當下你也在壓抑自己的需要，你覺得這樣的你，長期以來忽視自己，只重視對方，你會感到快樂嗎？相對的，如果你的伴侶跟你交換位置，他也不會因此感到快樂，時間久了，只會覺得壓力很大，想要逃避面對這段關係。

每個人都需要有獨處與自我照顧的能力

婚後的夫妻彼此也需要擁有各自的生活，而不是將自己未滿足的期待都放在對方身上，在婚姻中感受到孤獨是正常的，因為我們每個人本來就是獨立的個體，即便有了另一半，但當對方沒有辦法百分之百理解你，或是百分之百給予你支持時，我們就會因此感受到孤獨，但是面對孤獨，是自己的功課。

有時我們會感到孤獨，是因為有部分的我們沒有辦法被伴侶理解，又或是無法參與對方的生活。不管是在心理上的孤獨感，或是互動上的孤單感，我們需要先思考清楚自己的狀態，瞭解是因為什麼讓我們感到孤獨，才能夠知道如何應對。

不妨思考，是哪些時刻，發生了什麼，才讓你有孤獨的感覺？以及當面對這些狀態時，我們可以如何照顧自己，滿足自己的期待？

❖ 兩人在討論某件事情，自己的想法不被伴侶理解時？

> 照顧自己的方式
>
> 伴侶沒有辦法全然理解我們的想法，但是我們是否能把自己的想法與脈絡，跟伴侶解釋清楚，幫助伴侶可以理解我們？雖然這一次他沒有辦法理解，但是當我們能夠幫助他來理解我們的想法時，或許下次他就能夠知道，你是怎麼看事情，以及你在意的部分又是什麼。

❖ 與伴侶下班要一起晚餐的你，接到伴侶臨時要加班的電話，無法一起晚餐的時刻？

> 照顧自己的方式
>
> 當兩人無法一起晚餐時，免不了失落，但因為對方要工作，我們也只能自己面對，或許可以一個人去吃平常沒吃過的晚餐，回來跟伴侶分享你的心得，又或是幫伴侶也準備一份，讓加班後的他，也能好好的吃頓飯，再彼此分享交流，預約下次的晚餐。或許當天沒有辦法共進晚餐，但是我們還是可以照顧自己，也照顧到對方。

❖ 伴侶跟你說，週末想要跟朋友聚會，無法陪伴你時？

> 照顧自己的方式
>
> 當伴侶沒有辦法陪伴我們時，難免感到失落與孤獨，不妨可以去思考，當你為自己做些什麼事情時，可以好好地照顧自己，而不會有孤獨的感覺呢？是去做自己想做的事情，還是去找朋友聚會，又或是去學習喜歡的課程呢？然後回來再與伴侶分享，你今天做了哪些事情，也幫助兩人增加話題與交流。

不被伴侶支持時，真的會讓人感到孤獨，但是人生這一輩子很長，兩人的想法和意見不可能一直完全相同，不被支持時，或許可以試著去瞭解不被支持的原因。即使不被伴侶支持，你還是有能理解你或支持你的朋友，與他們聊聊，也可以讓你感到不孤獨，而不一定全都得透過你的伴侶來滿足你的需要。

沒有一個人能夠全然地陪伴我們，我們需要有面對孤獨與獨處的能力，也需要能有自我照顧、滿足自己需求的能力，才不會把自己的重量都附加在另一個人的身上，成為伴侶的負擔，兩人也才能走得更長久。

 ## 兩人本是獨立的個體

有一種情感，是因為我愛你，所以那些我不喜歡的事情，為了你，我願意！我們願意照顧另一半的需求，但不代表我們能夠一直承受所有需求與期待的重量，都壓在我們身上，我們每個人，本就是各自獨立的個體。

我們從關係中，認識了自己的期待與需求，以及我們渴望如何被對待，但我們也需要從依賴伴侶的過程中，學習獨立並依靠自己，也成為另一半的依靠，而不是只能成為對方負擔的重量。

唯有如此，才能在彼此相互陪伴時，好好享受屬於彼此的幸福，當對方不在我們身旁時，也能夠獨自享受一個人的孤獨，去做自己想做的事情，讓自己的生活豐富，成為彼此交流的內容，為兩人的生活增添更多精采。

在婚姻中，
你願意付出的底線？

雯柔與小傑結婚三年了，結婚後的雯柔還是持續地工作，但是沒有多久就懷孕，生了孩子後，留職停薪一年，全心投入在照顧孩子上，因為體恤小傑工作的辛勞，所以不管孩子怎麼樣，都盡量自己來，避免造成小傑的辛苦。然而在雯柔重返職場後，不只要忙於工作，還要照顧孩子，小傑不但沒有給予任何的協助，還常常藉故說：「這個我不會」、「我弄不好，等一下反而更糟，你自己來⋯⋯。」

甚至在某一次的爭吵，雯柔覺得受不了了，自己下班已經很累了，還要照顧孩子、餵孩子吃飯、幫孩子洗澡，只是叫小傑幫忙看一下孩子，雯柔要去曬衣服，結果回來後，發現孩子的飯灑了一地，小傑還在旁邊玩手機遊戲，雯柔因此瞬間暴怒，覺得只是叫小傑幫忙照顧孩子吃飯，這樣的事情也做不到！

後來小傑說出「照顧孩子本來就是你的責任，我只是幫忙你」這句話後，更是讓雯柔怒火中燒，甚至萌生了想要離婚的念頭，而為了安撫雯柔的怒氣，小傑陪著雯柔來到了諮商室裡。

 聽聽心理師怎麼說

女性在傳統的社會價值觀裡，被賦予了照顧者的角色，常常被期

待能夠做到「好老婆」、「好媽媽」、「好媳婦」，因為在這些社會價值觀裡，認為如此才是好的、對的，也覺得這些就是女性的價值。

即便在現今已經強調男女平權，男性也該成為新好老公與新好爸爸，共同承擔家務與照顧的責任，但是仍有不少的女性，還是受到傳統的角色期待與價值觀的影響。因此常常把自己的需要，放在這些角色之後，甚至把自己的需要給壓抑下來，或是完全看不到自己在家中的位置與需求在哪裡。

然而這樣壓抑自己，將自己放在最後順位的狀態久了，並不會為自己跟婚姻帶來幸福跟美滿，或是讓自己感到快樂，只會讓你累積許多的負面情緒與委屈。甚至常此以往，你為他人所付出的一切，未能夠被珍視，被視為理所當然，還有可能被變本加厲，得寸進尺地要求，把你的付出視為是你份內的工作、應盡的責任與義務。試想一下，如果你的付出，只能換來上述的結果，你還會想要繼續下去嗎？

女人別一味犧牲自己

你期待的關係，並不是只能用犧牲來換取。花些時間想想，你想要的關係模式是什麼？現在的關係狀態，是符合你想要的嗎？如果不是，我們可以怎麼做？

首先放下「好老婆」、「好媽媽」、「好媳婦」的迷思吧！那些「老婆就是要為家庭犧牲奉獻」、「如果沒有把小孩子放在第一，我會被說不是好媽媽」、或是「我如果不孝順公婆，會被說不孝」……等的想法，並不會為你的婚姻帶來實質幫助。

如果只是默默付出，沒有讓對方理解到你的付出，久而久之就會被當作理所當然。如果對方沒有要求，你就主動付出，如此一來，對

方更不可能會感謝。因此，如果對方不懂得珍惜你，那就停止吧，先好好珍惜自己，別讓他人有機會糟蹋自己。

身為女人，不是無止盡地奉獻照顧家庭就好，不斷地給，只會讓自己被掏空，如果為了婚姻，你必須犧牲、配合和委屈，才能得到你要的幸福，那麼一旦犧牲過了頭，愛就會失衡，甚至被消磨，只會剩下怨恨跟痛苦。

過度的付出，只會讓關係失衡

常常看到許多婚姻裡，一方付出比較多，甚至因為體貼或傳統價值觀的影響，而把對方該承擔的事務都做好了，還把屬於伴侶的責任都扛到自己的肩上來，沒有讓對方有為家裡付出的機會，或是沒有讓他知道，他到底該幫忙或是分擔哪些事務，在關係中過度地付出，然後付出較多的那一方，久了也會因此內心開始感到不平衡。

你是否有關係失衡的現象

1 常常自己承擔所有的家務。
2 總是在體貼老公、孩子、公婆，但是沒人體諒你。
3 公婆有事通常都找你，不找老公。
4 孩子的事情都是你在處理。
5 家裡的大小事務，只有你清楚所有的狀況。
6 在婚姻中常感到心裡不平衡。
7 面對老公與孩子常感到煩躁、生氣等負面情緒。
8 沒有自己的獨處與休息時間。

當你出現上述這些狀態時，代表你的婚姻關係已經失衡了，或許需要重新去思考並試著調整關係中的平衡，才不會累積負面情緒，並消耗自己。

像是自己常常承擔所有的家務，是不是能跟老公重新分工？當你感到周圍沒有人體貼你時，有時可能是我們太為別人著想了，結果卻忘記了自己，所以我們需要試著開始為自己著想、體貼自己，而這樣的調整，也在教導別人，讓別人知道我們需要的是什麼。又或是公婆什麼都找你，不找老公，是不是也該把老公應承擔的事務，還給老公，請他自己去面對他的爸媽，自己去處理呢？

為什麼你常常過度付出與犧牲？

當我們在關係中，常常過度付出，一不小心就把自己擺在最後的順位上，有時候也與我們自己的狀態有關，當我們能覺察自己的狀態，才能夠幫助我們知道，為什麼我們常常過度的付出與犧牲？背後到底是什麼原因在影響我們呢？

1　要求完美，有高標準。
2　要付出才有價值。
3　付出才能有好的關係。
4　期待被對方看見你的努力。
5　希望被肯定。
6　因為媽媽這樣，我也應該這樣。

看過不少過度付出的案例，其實過度付出，不斷地犧牲自己，並不會為你贏得對等的關係，你也只會在過度的付出當中，不斷地消耗自己。

當你常常過度付出時，其實也代表你在生活中的其他面向，可能也都很用力，而這樣的模式，常常會讓我們自己很累，尤其是當我們這麼努力與用力時，別人卻沒有同樣地努力與用力，也常常會讓我們感到生氣，好像只有我們在努力，其實面對這樣的狀況，有時候我們需要學會放過自己。

關係是兩個人的事，有時候你做太多，然後又抱怨對方做的不夠，對方也會感到有壓力跟愧疚感，久了之後就會想逃避，因為他可能做不到和你相同的高標準，他也會因此感到挫折。

為自己保有底線

不妨花些時間思考，在婚姻裡，你願意付出的底線到哪裡？當你能夠想清楚自己的底線在哪，才能夠幫助自己避免耗竭，因為你知道超過那條線後，你會開始有情緒，或是感覺到疲累，如此的狀態會影響你們的婚姻關係，所以你也會去維護好自己的底線。

當你有了底線，你比較能夠給自己和對方有較大的空間，不會過度要求自己與對方，在對方踩到線之前，你都還能夠容忍與接受，而在這個底線上，也是讓彼此保有喘息的空間。

如果沒有底線，我們就沒有辦法做自己，因為你都在配合、犧牲自己，照顧他人。當你不能做自己、照顧自己時，你也不會感到快樂。且當你有了底線後，婚姻關係出狀況時，你才能夠自保，像是有些伴侶會因為對方的財務問題而被拖下水，所以清楚自己的底線，並劃下自己的界限，才能讓我們不在關係中，讓自己有被掏空耗竭的可能。

不妨花一些時間思考，在婚姻裡，你的底線是什麼？

1　兩人相處的底線。
2　對於婚姻的底線。
3　對於與雙方父母相處的底線。
4　金錢使用上的底線。
5　彼此人際交友的底線。
6　對於育兒教養的底線。

在你知道自己的底線後，不能只有你自己知道，你需要跟你的伴侶聊聊，讓他知道你的底線在哪裡，以及你也需要瞭解對方的底線在哪裡，當發現兩人的底線有所牴觸時，也需要去找出彼此可以接受和調整的部分。

幸福的關係，需要先照顧好自己

幸福的關係，並不是靠誰的犧牲來換取，用犧牲換取來的不是幸福。因為真正愛你的人，捨不得讓你這樣犧牲。

如果因為你犧牲自己來成全他人，能夠得到同等的對待，那也就罷了，但是如果你的犧牲與付出，並不能為你換來同等的體諒與幸福，那麼你就得先停止。因為你的付出讓你開始覺得犧牲、委屈、憤怒，這代表你們的關係也因此失衡。失衡的關係，只會讓付出比較多的人感覺到不公平，只有相互的關係，才能讓夫妻雙方的感情與關係穩固。

所以時時檢視自己在關係裡的狀態，不讓自己的過度付出與犧牲，成為習慣與忍耐而不自知，才是照顧自己，保有幸福的根本之道。

超越原生家庭的影響，
創造自己的幸福人生

　　寧寧和偉宏結婚三年多，一直以來寧寧都非常掌控偉宏的行蹤，例如：偉宏下班後一定要馬上回家，如果晚了五分鐘，偉宏就必須打電話給寧寧報備，不然回家後寧寧會開始無止盡地訴說自己多擔心、多難過，除此之外，寧寧也無法接受偉宏和同事朋友出門運動或應酬，這些都會讓寧寧心神不寧，且一定會要求偉宏帶上他一起去。

　　偉宏因為很愛寧寧，雖然有時會感到一些不方便和不舒服，但大都可以配合寧寧，但在一次偉宏使用手機時，赫然發現自己的手機被裝了追蹤系統，且還有錄音功能，等於偉宏只要帶著手機在身上，他的一舉一動，其實就是被監聽、控管著，這點讓偉宏瞬間爆炸，他馬上詢問寧寧是不是他裝了追蹤系統，寧寧一開始還不願意承認，但在許多證據顯示是他後，寧寧開始崩潰大哭，偉宏雖然很生氣，但也不知道怎麼辦，兩人因此走進諮商室。

　　在諮商的過程中，寧寧從對於自己婚姻的擔心，講到小時候父親出軌讓母親多麼傷心，自己非常缺乏安全感等等，藉由不斷地抽絲剝繭，和偉宏的全力支持和理解，兩人慢慢有了自己的承諾和約定，寧寧會努力區分偉宏是偉宏，父親是父親，父親的出軌不代表全世界男人都會出軌，而偉宏在寧寧陷入過去原生家庭的漩渦和情緒時，可以用擁抱代替責備，兩人一起攜手前行。

聽聽心理師怎麼說

婚姻的經營本身就很不容易，來自不同原生家庭的兩個人，帶著各自的個性、習慣和行為模式，進到新的家庭，不免會有些摩擦和爭執，再加上原生家庭有自己的議題，很容易在不知不覺中複製了上一代的模式，進到自己的關係裡。

常有人會開玩笑說這是家族遺傳，但其實不然，這些都是我們從小潛移默化被影響，不自覺地學習而來，如果沒有覺察和調整，很容易就一代一代的傳遞下去，痛苦但不自知。

就像寧寧因為原生家庭的父親曾經有出軌的經驗，從小擔心的心情，直至長大可能還是會帶著相同的心情，進到自己現在的婚姻裡。擔心著另一半會不會如同爸爸一樣出軌，就在這樣的信念下，容易疑神疑鬼，搞的另一半也心神不寧，甚至可能乾脆就出軌給你看，這是一種很隱微的心理，需要我們更清楚看見和調整自己。

覺察原生家庭對自己的影響

每個家庭都有自己的故事，也有每個人各自的個性和脾氣，這些都是潛移默化，影響著我們十年、二十年、甚至更久的人生，這樣被塑造的我們，帶著原生家庭的影響進到學校、感情和工作場域中，我們不斷重複這些熟悉但不一定舒服的行為和情緒模式，只有當我們能看清楚自己如何被原生家庭所影響，才能更懂得選擇我們要的人生。

❖ 覺察原生家庭對我們的影響

> **對家庭關係的思考**

1 小時候，特別是六歲前的家庭給你什麼感覺？

　⇒ **例如**：擔心、害怕。

2 家裡發生什麼事情？讓你有這種感覺？

　⇒ **例如**：父親出軌，母親想離婚，擔心害怕自己會沒有爸爸、媽媽，
　　　　會被拋棄，成為沒人要的孩子。

3 後續對你的影響是？

　⇒ **例如**：從小很沒安全感，很害怕回到家後，爸爸、媽媽都不見了。

4 現在的你可以怎麼不一樣呢？

　⇒ **例如**：好好照顧自己，療癒過去，或許原生家庭的經驗，讓我們
　　　　沒有安全感，但不代表現在的伴侶沒有給我們安全感，試
　　　　著看看在哪些部分，伴侶有給我們安全感，只是因為過去
　　　　不安的經驗又影響我們，所以讓自己感到不安，試著相信
　　　　伴侶，並建立屬於你們兩人關係的安全感，也為自己找回
　　　　並給自己安全感。

> **對家人的思考**

1 家人裡面對你影響最深的人是？

　⇒ **例如**：媽媽。

2 是因為這位家人做了什麼事情？還是說了什麼話？

　⇒ **例如**：媽媽常說女人要靠自己，男人都是不可靠的。

3 後續對自己的影響是？

　⇒ **例如**：不容易相信感情，覺得男人都不可靠。

4 現在的你可以怎麼不一樣？

　⇒ **例如**：媽媽有他自己的經歷，而你跟媽媽不一樣，我們可以把媽媽
　　　　的話當成是一個提醒，但不代表就是如此，把媽媽的經驗和

想法還給媽媽，那是媽媽的，不是你的，用自己的生命好好觀察體會。

療癒修補原生家庭的影響

其實有時候當自己有所覺察時，療癒就已經開始發生，自己可以正視過去，那些不知不覺對我們的影響，知道是什麼原因造就現在的自己，以及明白此刻自己呈現的樣子，是出於過去的習慣，而非對自己最適合和最好的方式，因此可以有所調整和改變。當然有時候因為原生家庭的經驗太痛苦，需要不斷覺察和調整，甚至需要來來回回不斷改變自己，雖然過程很辛苦，但卻十分值得，你會帶著自己用更自在舒服的方式活著，以下介紹幾個療癒方式，可以練習在平時陪伴自己。

1 自由書寫
拿出一張紙，把自己當下所有的情緒和想法等寫出來，而寫出來有助於個人情緒的宣洩，並且藉由文字的方式，可以更清楚自己發生什麼事情。

2 隨意創作
可以是自己喜歡的畫畫、手工藝，或是其他藝術媒介，如同書寫，藉由創作可以宣洩，完成作品後，詢問作品要告訴自己什麼，來增進自我覺察、改變和療癒。

3 正念練習
專心於當下每一分、每一秒，不管是在煮菜，還是在運動，當自己專注於眼前的一件事，會讓自己體會一種平靜的感覺，也可以用以下問句，再次核對自己有沒有身心一致。1 我現在在做什麼？2 我的心在哪裡？3 我的身體和心有沒有在一起？

4 自我對話

特別是受傷的自己，可以透過好像有兩個人的方式，一個是長大後有能力的自己，另一個是小時候受傷的自己，藉由彼此對話達到自我關心和支持。

⇒ **例如：**

- ◆ 長大的自己：「我知道你又感覺到不安了！」

- ◆ 小時候的自己：「對啊，我找不到老公，我好擔心，不知道他會不會拋下我，不知道他現在發生什麼事，為什麼不接我電話……。」

- ◆ 長大的自己：「我知道找不到老公讓你很擔心，他可能在忙，所以沒有接電話，但不代表他要丟下你，給他一些時間，也給我們自己一些時間，我在這裡，我可以陪著你。」

以上提供幾個療癒方式，可以讓自己平時就能幫助自己，但是有時過去太過痛苦和深沉，光靠自己一個人會十分辛苦，尋求專業協助，有個人一起陪伴和療癒也是很好的選擇。

 ## 好好創建幸福

不管過去原生家庭的經歷是什麼，重要的是我們能夠覺察和自我療癒，讓所謂的家族遺傳，可以從我們這代停止傳承，而自己的改變不只拯救了自己，更是拯救自己未來世世代代的子孫們，讓他們可以真實過著自己想要的幸福生活，而不是一直重複過去小時候學習到的家庭模式。

但改變需要時間，有時我們在伴侶或婚姻家庭關係中，還是會不小心重複過去的模式，特別在情急時，容易掉進過去的舊有模式，而開始焦慮緊張，或大吼大叫等，此時除了鼓勵自己繼續覺察、療癒和改變，也可以向另一半尋求協助，一同創造美好關係，可以試試以下的方式。

1 和另一半聊聊自己的原生家庭，以及原生家庭對自己的影響。

⇒ **例如**：不安的情緒，在哪些時候會影響到你？找不到人時？被忽略時？

2 讓另一半知道自己在努力改變，但有時會不小心會重蹈覆轍。

⇒ **例如**：可以跟另一半說，我想要改變我的不安，但在某些情況下，不安還是會影響我，也請你給我一些時間來練習。

3 當對方發現我們不小心又重蹈覆轍了，也可以邀請另一半在這些時刻給我們一些提醒，並可以彼此約定暗語。

⇒ **例如**：你變成你媽媽了、你的不安來找你了、你的火山噴發了……等，來提醒對方。

　　原生家庭是每個人必須去面對的功課，有時會再次陷入過去的能量裡，重複過去的模式，此時不用太苛責自己，這些都很正常，畢竟我們在原生家庭裡度過幾十年的歲月，當然不是說改變就改變，多點理解和同理自己這一路以來的不容易，多鼓勵和支持自己，加上另一半的陪伴前行，保留原生家庭美好的部分，轉化原生家庭讓我們受苦的部分，相信我們都可以活出自己的幸福人生。

別相信戲劇，
活出自己的愛情故事

與自己的關係：幸福婚姻從自己開始

　　小美從他懂事以來，爸爸就不在身邊，但每次向媽媽詢問時，媽媽總是支吾其詞，不然就是顧左右而言他，甚至沒說幾句話，就藉故離開現場，這讓原本和媽媽關係就疏遠的小美，更是不知從何問起，因此年幼時的他就只能躲進卡通和童話故事的世界裡，希望有一位白馬王子可以拯救自己。而長大後的小美也如願在大學畢業就馬上結婚，婚後確實過上了一陣子快樂的生活，但日子久了、爭吵多了，小美發現原來婚姻跟他想像的有很大的落差，因此陷入嚴重的憂鬱情緒，認為自己一定是不好，所以老公才不能像童話故事般地對待自己。而為了逃離現實中不舒服的感受，他又繼續躲到各式的偶像劇與韓劇當中尋求慰藉，跟老公的關係越來越疏遠，而自己在婚姻中也越來越痛苦。

 ## 聽聽心理師怎麼說

　　人在壓力下總會需要一個出口，不管是去運動，還是找朋友聊聊天、說說話，或是像小美在童話故事找尋出口，藉由故事情節，暫時從自己現在的環境中抽離，讓自己稍微喘口氣後，能再回去面對現實生活。

　　但有時外在壓力過大，讓人想逃避、不想面對時，我們就容易對

故事中的角色產生過度的投射，認為另一半就該如同故事中的白馬王子，細心呵護我，不讓我受到一絲痛苦，甚至要在我需要時，隨時隨地都能出現等等，但忘了其實這是故事，不一定是真實人生，我們很容易被這種故事或戲劇的愛情觀所洗腦，而我們該如何跳出這場催眠呢？

故事和戲劇可以放鬆，但不用過度投入

在童話故事和偶像劇的男主角和女主角，很多時候被設定是善良、專情、可愛、帥氣，甚至是多金富二代或企業家，可以說是集完美優良的特質於一身，觀看這樣的故事可以藉由幻想，來補償我們現實生活中不被滿足的部分，可能是另一半不夠體貼，或是對方不能同理自己，而藉由戲劇想像自己是男女主角，好像可以讓自己好過一些，但如果要在真實的親密關係中有良好的互動，其實需要靠雙方不斷努力和磨合而得來。

另外，看故事戲劇抒壓，也跟所有的抒壓方式一樣，不管是跑步抒壓，還是按摩抒壓，總是會有結束的時刻，必須帶著自己回到現實生活，因此就算是再喜歡的故事和戲劇，也不能過度沉浸，甚至影響到自己的生活，可能的狀態如下。

1　**不斷拿另一半和故事裡的男女主角做比較**

不斷的比較，與不滿足的感受，會讓自己很痛苦，也會讓人在關係中產生大大小小的爭吵。

2　**覺得自己也要像故事裡的男女主角，才有人愛**

過度要求自己變成別人，而不是成為你自己，且自己達不到時，可能會陷入「我不好」、「我不值得被愛的」自我抨擊狀態，而導致自我價值感低落。

3 認為故事裡的世界才是真的

時間久了會對真實世界產生挫折、失望，為了逃避真實生活的痛苦，甚至就讓自己活在童話或偶像劇的幻想中，而脫離了現實的生活狀態，以致於真實關係未能解決，進而讓關係越變越糟，並因此陷入惡性循環。

4 注定的人就是會不斷相遇，然後在一起

沒有所謂的王子和公主，只有願不願意、能不能跟我們溝通並共創未來的人。如果對方沒有意願，你繼續堅持，只會讓你感到滿腹的委屈跟怨懟。與其埋怨對方，不如為自己選擇，別繼續殘害自己，以及留在有毒的婚姻裡。

 ## 如果還是無法自拔，你可以 ⋯⋯

如果已經很努力讓自己不要過度陷入故事情節，但每每卻還是不能控制自己，甚至沒有戲劇和故事，就讓自己無法生活下去，這時我們就要評估一下自己的身心狀態。

第一，評估此狀態是否影響自己的生活，有沒有好好吃飯、好好睡覺，是短時間地熬夜追劇，還是長時間的睡眠不足；再來看看有沒有影響到自己的工作和人際，是否可能有上癮等心理依賴狀況、需不需要心理專業的協助；如果情況還算可以，不妨可以思考一下什麼原因讓自己無法自拔，藉由反思更瞭解自己，更知道自己怎麼了，以小美為例，方法如下。

1 最喜歡的故事

白雪公主。

2 故事裡有什麼讓自己印象深刻？

原本可憐的公主，被王子所拯救，從此過著幸福快樂的日子，可以遠離痛苦與惡毒的後母。

3 承 2，對你的意義是什麼？

希望生命中也有人來拯救自己，讓自己不會再受苦，且不必再面對不舒服的感覺。

4 跟自己生命中有什麼關聯？

從小感覺原生家庭沒有愛，媽媽偏愛妹妹，家人也都與自己不親近，自己時常感到孤單。

5 現在的你可以怎麼做？

或許過去在家中沒有得到想要的關愛，在現在婚姻中，老公給的愛也不符合我們的期待，此時我們可以先從如何自己愛自己開始，例如：當你為自己做哪些事情，會感受到被愛與被照顧呢？

 ## 活出自己的愛情故事

有時我們過度投入和陷進某個童話故事或偶像劇中，多少都有自己可能知道或不知道的曾經在影響著我們，讓我們對故事中的主角有共鳴，甚至也期待自己能像故事情節般有所翻轉，得到自己要的幸福，但真實的關係總是需要許多的磨合和溝通，甚至是整理好自己，和對方互相扶持、努力和調整的。

小美一直期待有位白馬王子可以拯救自己，有一天自己能被愛、被關懷，小美背後其實藏了自己原生家庭和成長經驗，所形塑的認為自己不被愛和不值得擁有愛的心理特質，因此需要對方如同從小觀看的童話故事和偶像劇般地對待自己，小美才認為這是愛，因此唯有自己回過頭來更瞭解自己，跳脫戲劇的影響，真真切切問問自己想要的愛情是什麼？包容？關愛？體貼？每個人要的不同，但相信當你自己清楚後，會更能活出自己的愛情故事。

沒有完美的婚姻
只有彼此的圓滿

與自己的關係：幸福婚姻從自己開始

　　若瑜在小時候，父母常常爭吵，後來父母在若瑜中學時離婚，對於若瑜來說，吵架是非常可怕的事情，會導致離婚，所以對長大後的若瑜來說，在關係裡不可以吵架，彼此只能好好溝通、好好講話，所以只要歷任男朋友開始大小聲，若瑜會非常果斷地選擇離開關係；對若瑜而言，婚姻也需要格外謹慎小心，認為一個家庭的維持，是需要雙方共同努力，且彼此需要無時無刻把家庭放在人生的第一位，才是愛家的表現。

　　就這樣尋覓了好些年，終於讓若瑜遇到了凱祥，一位從來不跟別人發生衝突，更不會吵架的憨厚單純男子，兩人也順利步入禮堂，婚後生活一開始都在若瑜所想像的腳本裡，兩人不會大聲說話，剛開始看似一切順利，但日子久了該吵架還是會吵架，若瑜非常痛苦，也考慮像以前一樣直接離開關係。

　　另一方面凱祥也很無奈，想說自己吵架後都道歉了，能做的也都做了，真的不知自己還能怎麼辦，因此兩人一起來到諮商室。

聽聽心理師怎麼說

　　每個人的個性、想法、習慣，以及對於愛情婚姻的想像，都是從各自的原生家庭和成長經歷形塑出來，彼此帶著各自對完美婚姻的想像進到自己的家庭中，自己認為自己是對的，而另一半也覺得自己沒錯，在互不相讓的過程中，彼此都覺得自己十分委屈，但也在不斷磨合與爭吵中，找到關係中的平衡點，這些是在關係裡必經的過程。

　　因為我們每個人帶著對於愛情和婚姻的完美想像，但事實是另一半不可能百分之白符合我們的要求和期待，因為每個人都是獨立的個體，就連生活在同一個家庭的兄弟姊妹，都有全然不同的個性和喜好，何況是兩個不同家庭所一起建立的關係，因此需要雙方覺察和放下心中的完美，來磨合、創造屬於彼此的圓滿。

 ## 完美從哪裡來

　　每個人都有自己在意或無法妥協的部分，並在某部分上堅持完美，這樣的堅持不只會發生在婚姻家庭中，還可能會出現在生活中各個層面，包含工作、人際、教養……等，例如：若瑜對關係有個自己完美的想像，就是不能吵架，只要吵架就會破壞關係，造成不可挽回的後果，而為了保護自己，必須在可怕的事情發生前，先讓自己逃跑，因此若瑜錯失很多可能可以修補關係的機會。所以我們要怎麼覺察心中，自己或另一半，可能會傷害彼此的完美想像的情況呢？

1　在每次爭執後，給予自己冷靜和反思的時間
　　⇒ **例如：**照顧自己的情緒，讓自己有宣洩的時間和空間，問問自己的感受和想法。

259

2 找出自己這次爭執，和過去有什麼相似的地方？

   ⇒ **例如**：這次爭執的起因，是另一半對我大聲說話，讓我開始防備、保護自己。

3 這個相似的地方讓你想到什麼？

   ⇒ **例如**：想到過去小時候爸媽大聲吵架的情景，讓我十分害怕。

4 對於現在有什麼影響？

   ⇒ **例如**：只要對方一大聲，就感覺很害怕，而想要保護自己、想逃跑。

 ## 覺察完美後的面對和調整

    覺察自己對於關係的完美想像後，很重要的下一步是我們要開始面對並處理，然而這個過程會十分艱辛，畢竟在過去的人生裡，我們依循這樣的生活準則活了這麼多年，雖然期間可能因此受了很多苦，但也同樣保護了我們，例如：因為堅持關係中不能吵架，可能錯過了很多姻緣，但另一方面也保護我們免於受到許多情感上的傷害。

    只是現階段我們長大、成熟了，可以準備真實面對人生中的種種挑戰，不須再因為無意識地堅持完美，而失去自己可以選擇的權力，因此我們不只要覺察，甚至要慢慢面對和調整，讓自己能掌握自己的幸福，而不是被過去的習慣所控制。可以嘗試以下方法，幫助我們調整。

1 這樣的堅持有幫助你改善關係嗎？

   ⇒ **例如**：不能，不吵架的堅持，似乎對關係沒有改善。

2 如果沒有，是什麼原因讓自己繼續堅持？

   ⇒ **例如**：害怕改變，且過去的經驗就是如此告訴自己，也不知道還有什麼方式，可以提供調整或幫助。

3 接受現在的自己

⇒ **例如**：不能吵架的堅持是過去的經驗在影響自己，接受這是我們自己
的狀態，同理並理解過去對自己的影響，且不批評自己。

4 做出小的改變

⇒ **例如**：理解過去認為「不能吵架，吵架是不好的事」的方法已經不再適
用，且讓我們受苦；我們需要改變，可以跟自己說吵架也是種
溝通方式。

5 鼓勵和給自己力量

⇒ **例如**：鼓勵自己，吵架沒有那麼可怕，如果好好吵個健康的架，關係
可以越來越好。

 ## 找到彼此的圓滿

獨自面對自己所堅持的完美很辛苦，有時兩個人互相支持能走得
更長遠，甚至是個互相療癒的過程，因為每個人都有自己的經歷和故
事。若能找到可以讓你安心、放心地訴說心事的人，並將那些可能很
難跟他人啟齒的事情，好好地說給對方聽，此時即使彼此都不能改變
過去發生的事情，但有時當對方願意傾聽、理解，就是最大的療癒。
而怎麼去敞開自己，放下各自的堅持，找到彼此的圓滿，可以試試下
列的方法。

1 坦承自己在意的點，以及可能會做出的應對行為

⇒ **例如**：害怕吵架，會用逃避來面對。

2 誠懇說出自己有覺察，和努力想做的改變，但有時還是會沒有辦法做
到，而用過去的模式應對

⇒ **例如**：自己有覺察會害怕吵架，但會努力面對；有時候自己還是可能
會不小心，又用以前逃避的方式來面對。

3 邀請對方溫柔提醒和支持

⇒ 例如：希望對方在自己害怕，又軟弱想逃開時，可以提醒自己不要害怕吵架。

　　以上的自我揭露和分享，不只是單方面的傾訴，另一半也要適時表達，不然會讓對方覺得好像自己在唱獨角戲，當你表達完自己的部分時，也可以對另一半展現好奇心，詢問並試著瞭解對方的想法。因為關係需要兩個人共同經營，就像是互相跳著所謂愛情或婚姻的雙人舞，雖然有時候會不太熟悉，但試著一點一滴的分享，慢慢地會越來越有安全感、越來越有親密感，讓彼此的心可以更靠近。

　　人生和關係裡的完美，都是自己被影響或假設而成，並會讓自己深陷完美泥淖裡，痛苦卻不自知。而藉由自己和伴侶間的努力覺察，找到可以安頓身心靈的方式，並且創造自己與伴侶的快樂，如此才是真的幸福圓滿。

記得自己
永遠有選擇的權力

與自己的關係：幸福婚姻從自己開始

　　薇如從小在極其嚴厲的家庭中成長，只要一不順父母的意思，不管是生活規矩還是課業成績，都會換來一陣暴打或怒罵，父母還會說：「這一切都是為了你好！」年幼的薇如只能默默承受這一切，漸漸地也不敢有自己的意見和想法，更不可能有選擇的權力，從讀幼兒園到大學選科系都是父母的安排，後來更是連工作和老公也是父母親自挑選。

　　總是依著他人的期待與要求，長期壓抑內心過活的薇如，在進入婚姻後也依然如此，不太能表達自己的需求和感受，一切以老公為主，在孩子出生後，也聽從老公的建議，辭掉工作，在家全心全意地照顧孩子，但對於薇如來說，照顧孩子簡直要他的命，因為薇如其實沒有很喜歡小孩，甚至有點害怕接觸小孩，但因為公婆家、自己父母，以及老公的期待，讓自己不得不生小孩。

　　在第二年全職照顧小孩的過程中，薇如崩潰了，身體也出現檢查不出的病痛，他覺得自己的一生都是在被別人決定，後悔沒有勇敢為自己努力過，在這樣自我矛盾的痛苦中，薇如走進諮商室。

聽聽心理師怎麼說

人是群體的動物，特別在年紀還小時，為了能好好生存、好好活下去，有時候我們不得不聽從父母的話，而隨著我們漸漸長大，慢慢開始有自己的想法和意見。

孩子兩三歲時是發展心理學中，人生所謂的第一個叛逆期，其實叛逆是表示孩子開始從什麼都需要他人幫忙的嬰兒期，轉變為開始有自己意見的兒童期，在這階段如果能順利度過，慢慢會找出自己的道路，漸漸有自己的選擇方式，並在父母的引導下，會知道怎樣的選擇會有什麼樣的影響與後果，讓自己未來能更堅定地為自己做選擇。

然而如果自己的成長經驗，大多數是跟著父母的要求和期待，慢慢我們會壓抑自己的聲音，久了甚至沒有自己的想法。慢慢地長大後，到學校，聽老師的；有了工作後，聽老闆的；有了家庭，聽另一半的，終日倚靠他人的期待和決定。但人生總是自己的，最終還是要獨自走出自己的人生道路，你還是得要聽聽自己的聲音，並為自己做出選擇。

永遠都有選擇

在大多的華人家庭裡，父母常常因為愛，或過去原生家庭和經驗的影響，會選擇自己認為對的、好的道路給孩子走，漸漸地孩子可能就慢慢失去自己的聲音，認為自己沒有選擇的權力，或者擔心如果自己有別的意見，父母可能就會不愛我，或對我怒目相視。

常此以往下，漸漸地就沒有自己的意見，就算我們已經長大、獨立成人，還是會誤以為自己沒有選擇的權力，或者產生如果不照著別人的期待，就不會被愛的非理性想法。而我們該怎麼去面對這樣的狀況呢？

1 深吸一口氣,慢下來

⇒ **例如**:公婆、老公覺得孩子要自己帶才親,但自己對於帶小孩很不擅長,在情緒高漲、痛苦時,讓自己深吸一口氣,先離開現場讓自己冷靜。

2 回想和過去相似的狀況或感覺

⇒ **例如**:這個情境,可能讓自己想到小時候都要符合媽媽的期待,不然會被打,或有可能被拋棄。

3 過去對自己的影響

⇒ **例如**:導致現在如果自己不符合他人的期待,就會擔心自己不被愛。

4 現在可以怎麼不一樣?

⇒ **例如**:可以嘗試做一點改變,比如:半天請保母、半天自己帶。

5 改變過去的非理性想法

⇒ **例如**:過去跟父母的關係,不代表所有關係都需要如此被選擇,更不是不符合他人期待就是不好,自己要先照顧好自己,才能好好照顧小孩。

6 給自己肯定,並期待未來

⇒ **例如**:多給自己肯定,讓自己有自信,能和對方溝通,並且期待未來可以不一樣,讓孩子好、自己也好、家庭更好。

跳脫過去的習慣會很辛苦,甚至會痛苦,所以有些人會寧願留在被選擇裡,不斷抱怨和怪罪別人,然而寶貴的時間不會因此停滯,隨著時間流逝,當有天決定要為自己選擇和改變時,往往為時已晚,所以聰明有智慧的你,一定要有勇氣重新做出選擇,從一小步慢慢踏出去,有時會有來來回回、擔心受怕,都是正常,只要不忘了自己的初衷,多多給自己讚美和鼓勵,就能慢慢找出自己的一片天空。

在不能選擇的情況裡，也有其他可以選擇的可能

「選擇」看似簡單的兩個字，但就是在每個選擇後，成就了每個人不一樣的人生，所以做出選擇需要智慧和勇氣，因為當你做出一個選擇，代表你放棄其他的選項，每個選擇都需要付出代價，可能是時間、金錢，或是自己的努力等。

在現實中，付出不見得有收穫，然而因此就能不做選擇，或不做改變嗎？不，許多臨終研究發現，在人生終點，很多人悔恨的事是，沒有為自己勇敢做出選擇、做那些自己想做的事情，因此如果能選擇就好好去做，不要讓自己有太多遺憾。

然而人生本來就複雜，有時候你不得不先以不選擇面對，或者就是選擇不選擇，這一切的權力也在你身上，而當你選擇不選擇或選擇後，如何不後悔，並不讓自己活在痛苦的深淵裡？

1 **在不能選擇的狀況裡，找出其他的可能**
　　⇒ **例如**：孩子已經生出來，不能再塞回肚子裡，我有一個角色就是媽媽，不可能再選擇和改變，但我可以選擇我要怎麼照顧小孩。

2 **不能改變的狀況下，我可以選擇用什麼態度面對？**
　　⇒ **例如**：孩子已經生出來，這是事實，面對和接受是種態度的選擇，逃避與怪罪他人也是種態度的選擇，看你要如何去應對。

3 **我可以選擇怎麼樣的方式，讓自己好過一些？**
　　⇒ **例如**：幫孩子找尋合適的保母或托嬰中心，並且時時關心孩子的狀況，但不一定要當全職媽媽。

4 **告訴自己這是目前最好的選擇**
　　⇒ **例如**：公婆和老公可能會有其他意見，給自己信心、力量來堅定自己的選擇。

5 未來或許可以不一樣

⇒ **例如**：不設限，未來如果自己工作太辛苦，或又想照顧小孩，到時再做調整也不遲，不用給自己非黑即白的壓力。

 ## 永遠都有選擇，不選擇也是種選擇

在我們做選擇的當下，勢必有得有失，不可能選擇全部，也不可能所有的選擇都能稱心如意，這就是人生，是事實，我們必須接受，不然我們很有可能在不這麼滿意的選擇裡，悔恨自己，或抱怨他人，終日活在負面的情緒中，忘記原本生活中的美好，甚至讓自己因為長期沉浸在後悔的情緒與壓力中，導致免疫系統或自律神經失調等，讓身體產生病痛。

然而只要我們冷靜、沉澱回想，其實當初自己做的決定，已是當時自己能做的最好選擇，沒有人有預知未來的能力，更沒有人能保證決定的後果，但我們可以選擇用不一樣的心情去面對，且相信就算下錯決定又如何，自己能藉由更多的選擇慢慢調整到自己想要的方向，所以與其用盡力氣去悔恨，倒不如以平靜自在的心情好好調整自己，並往自己想要的方向前進。

書　　名　婚姻教我們的事
作　　者　呂宜芳，陳偉婷

主　　編　譽緻國際美學企業社・莊旻嬑
校稿編輯　譽緻國際美學企業社・莊旻嬑、許雅容
美　　編　譽緻國際美學企業社・羅光宇
封面設計　洪瑞伯

發 行 人　程顯灝
總 編 輯　盧美娜
美術編輯　博威廣告
製作設計　國義傳播
發 行 部　侯莉莉
財 務 部　許麗娟
印　　務　許丁財
法律顧問　樸泰國際法律事務所許家華律師

藝文空間　三友藝文複合空間
地　　址　106 台北市安和路 2 段 213 號 9 樓
電　　話　（02）2377-1163

出 版 者　四塊玉文創有限公司
總 代 理　三友圖書有限公司
地　　址　106 台北市安和路 2 段 213 號 9 樓
電　　話　（02）2377-4155、（02）2377-1163
傳　　真　（02）2377-4355、（02）2377-1213
E-mail　service@sanyau.com.tw
郵政劃撥　05844889 三友圖書有限公司

初　　版　2022 年 9 月
定　　價　新臺幣 420 元
I S B N　978-626-7096-13-0（平裝）

總 經 銷　大和圖書股份有限公司
地　　址　新北市新莊區五工五路 2 號
電　　話　（02）8990-2588
傳　　真　（02）2299-7900

婚姻教我們的事
Marriage

國家圖書館出版品預行編目（CIP）資料

婚姻教我們的事 / 呂宜芳, 陳偉婷作. -- 初版.
-- 臺北市 : 四塊玉文創有限公司, 2022.09
　面；　公分
　ISBN 978-626-7096-13-0(平裝)

1.CST: 婚姻 2.CST: 兩性關係 3.CST: 家庭關係

544.3　　　　　　　　　　　111009113

三友官網　　　三友 Line@